石川憲二 著

大人が読みたいエジソンの話

発明王にはネタ本があった!?

B&Tブックス
日刊工業新聞社

プロローグ
虚像から実像へ、エジソンの真実に迫る

テレビアニメ『ちびまる子ちゃん』のテーマ曲「おどるポンポコリン」には唐突にこんなフレーズが出てくる。

「エジソンは偉い人」

しかも歌詞の中ではその理由について特に説明されることはなく、そんなのは常識であり、いつだって忘れないと言い切ったまま話は終わってしまう。考えてみれば、これはすごいことだ。

放送しているのは日曜夕方のファミリータイム。テレビの前には老若男女さまざまな人が集まっているはずで、育った時代も環境もそれぞれ違うのに誰も疑問ひとつはさまずこの曲を受け入れている。つまり、エジソンが偉い人だというのは日本人にとって絶対的な共通認識になっているのである。もちろん、筆者もその点について、まったく異論はない。そう、

エジソンはとっても偉い人なのだ。

ところが「それでは、エジソンのどういうところが偉かったのか?」と改めて尋ねられるとけっこう困ってしまうのではないだろうか。論理立てて答えられる人は少ないように思う。

確かに電球や電話、蓄音機、映画など、たくさんの発明をしたことは知っているし、これらが実用化されたおかげで生活が便利になり、世の中が大きく進歩したこともわかっている。

しかし、そんな偉大な発明品の数々をエジソンはどうやって思いつき、完成させ、そして普及させていったのかとなると、途端に曖昧になってしまう。

それでは、私たちはエジソンについて何を知っているのだろうか? おそらく、多くの人が思い描くイメージはこんなところだ。

◇偏屈な人物だったので他人とうまくいかず、だから学校もすぐに辞めさせられた。
◇孤高の発明家であり、自分の頭の中だけで類のないアイデアを次々と生み出した。
◇ビジネスは下手だが、発明品がすばらしかったので自然に普及した。
◇自分の成功にはあまり関心がなく、新しい発明をすることだけに没頭していた。

残念ながら、これらはどれも事実とは異なる。

まず、エジソンはけっして人づき合いが悪いわけではなかった。列車の中で新聞の売り子をしていた少年時代には愛嬌のある受け答えで客の評判は良く、おかげで繁盛するようになってからは仲間を募ってチームで商売を続けている。

その後、電信の仕事に就くことで発明家になるきっかけをつかむのだが、若く、経験もない彼がそのころの最先端技術を学べたのは、親しくなった駅長が自ら教育係を引き受けてくれたからだ。駅長といえば地域の名士である。そんな有力な人物とも気さくに交際できたのだから、偏屈というより、むしろ社交性に富んだ人物だったと考えるほうが自然だ。

「孤高の発明家」というのもエジソンについて解説した文章ではよく見かける言葉だが、あまりピンとこない。なぜなら、発明家を志して以来、一人で完成までもっていったのは最初の数点だけで、あとはすべて自ら設立した組織や研究所のメンバーたちとの共同作業による合作だからだ。

最たる例が電球（白熱電球）だろう。発明家として多くの仕事を抱えていたエジソンがようやく本格的に電球の開発を始めたころにはライバルたちに大きく遅れをとっていた。しかしここからが本領発揮で、すでに名声も富も手に入れていた彼は組織力と*****資金力に物を言わせ**て急追し、最終的にはトップを奪ってしまうのである。

しかも、そこで手を緩めないのが他の凡庸な発明家たちとの違いで、エジソンは電球の普及に欠かせない発電所や送電設備などの電力供給システムを次々と構築し、電灯に関するビジネスを独占してしまう。それにより競合しそうだった製品を完全に排除していったのだから、やっていることは冷酷な企業人が得意とする物量作戦そのままだ。そしてそこには「自らの頭脳だけで世の中を切り開いていく孤高の発明家」といったイメージなど微塵もない。

こうやって、一つひとつ答え合わせをしていくと、一般的に信じられているエジソン像と実像との間にはずいぶん隔たりのあることがわかる。そういえば、エジソンのプライベートな部分に関して「発明ばかりに没頭していたので家庭にはまったく無関心だった」と思い込んでいる人が少なからずいるが、これも見当違いだ。彼は生涯に二度結婚し、それぞれの妻と3人ずつ子供をつくっているので、夫としての務めは十分に果たしている。しかも、けっこう子供好きだったし、最初の妻が亡くなったときには仕事がまったくできなくなるほど落ち込んだのだから、家庭をまったく顧みなかったわけではない。確かに、あまりに忙しくてほとんど家に帰れなかった時期があったのは事実だが、そんなことは仕事熱心な研究者や経営者にはよくある話で、特にエジソンだけが**突出しているわけではない***はずだ。

それにしても、どうしてこんなに誤解が広がってしまったのだろうか。

主な原因は、誰もが一度は読んだであろう子供向けの伝記本にあると思う。仕方のない話だが、この手の本では飽きっぽい読者の興味を失わないように、どうしても派手でわかりやすい人物像をつくり出してしまう。具体的には「孤高の天才」「生い立ちはかなり個性的」「超人的な行動力」といったあたりが**三大要素**[*]だ。

そうやって1冊が創作に走ると後から出る本は見劣りするわけにいかないので、さらに強めの演出をしてくる。そしてそれを繰り返しているうちに主人公のキャラクターはどんどん一人歩きしていってしまうのである。エジソンは伝記シリーズの定番であり、古くから何冊もの新版や改訂版が出ている。したがって、どうしても現実との乖離が大きくなってしまうようだ。

そうだとしても、成長した伝記本の読者が新しい知識を得て記憶を修正していけば誤解は減るのだろうが、だいたいの人は大人になるとエジソンのことなど、もう考えなくなってしまう。「遠くの偉人より近くの仕事」とビジネスに役立つ即戦力のある情報ばかり求めるも

のだから、最初に刷り込まれたイメージがいつまでも残ってしまうのである。

数ある誤解の中でも最大なのが、エジソンは発明につながるアイデアを、すべてゼロから発想したと信じられている点だ。残念ながら彼は神様でもスーパーマンでもなく「ただの天才」なので、そこまで万能ではない。

エジソンが活躍していた19世紀後半、欧米では電気や機械に関する技術革新が著しく進んだ。新製品開発の主役となったのは今のような大企業ではなく、一攫千金を狙う市中の発明家たちだ。エジソンもその一人であり、**ライバル[*]たちと切磋琢磨しながら**新しい発明に勤しんでいた。

たくさんの発明家が同じテーマに取り組んでいたのだから、当然、基本的な技術情報は広く知られてしまっている。白熱電球の例でいえば、「真空度の高い空間で電気抵抗の大きいフィラメントに電気を流せば、長時間、明るく光らせることができる」くらいのことは多くの人がわかっていた。

そうなると、もう、ちょっとした思いつきや工夫だけで勝ち抜けられるほど甘い状況ではない。必要なのはライバルより抜きん出た性能や実用に耐えうる品質を工業的に実現することだ。したがって、一人の発明家が黙々と解決策を考え続けるよりも、チームを組んで試作と実験のサイクルを繰り返すほうが圧倒的に有利になる。エジソンが生涯をかけて続けてきた仕事とは要するにこういったものであり、目的は発明コンテストの優勝ではなく画期的な発明品をもとに新しいビジネスを創出することなのだから、利益を手にできるまでは過酷な毎日が続く。そんな厳しい戦いを何度もくぐり抜けてきた気力や体力こそを、後世に生きる私たちは正当に評価してあげるべきだろう。

もうひとつ、「エジソンの発明は彼がゼロから発想したものではない」と言い切れる証拠がある。それは彼が子供時代に出会った『A School Compendium of Natural and Experimental Philosophy（自然と実験の哲学）』という本だ。そのころの科学と技術の最新知識を幅広く紹介した入門書のような構成で、エジソン少年はすっかり魅了されてしまう。それどころか、書いてある内容を一つひとつ確かめようと、日々、実験に明け暮れるほどだった。

驚くのは、この本に掲載されている項目の多くが、後のエジソンの発明にさまざまな形で活かされている点だ。なかには、明らかにヒントとして用いた部分もあり、「発明王のネタ本」と呼んでもいいくらいである。

そんな重要な資料であるにもかかわらず、これまで出版された伝記では内容まで詳しく紹介されたことはなかった。おそらく、古い本なので入手できなかったからだろうが、そのせいでエジソンが発明にたどり着くまでの思考の道筋がわからず、結果的に「無から有を生み出した奇跡の人」という超人伝説を生み出してしまった。

しかし、空っぽの箱から電話や蓄音機、電球などを次々と取り出すマジシャンのようなイメージでは、発明王のすばらしさを正しく伝えたことにはならない。したがって、本書ではこの本との出会いが後の人生にどういう影響を与えたのか改めて考えながら、エジソンの生涯を、もう一度、追っていくつもりだ。

断っておくが、ネタ本らしきものの存在が明らかになったからといってエジソンの価値が下がるとは思わない。それどころか、むしろ尊敬の念が強くなっていった。なぜなら、これまで知られてきた偉大な発明家としての一面だけでなく、子供のころに得た知識を後の人生にしっかり活かしていく努力家としての一面が加わり、人間としての魅力が増したように感じたからだ。

加えて、発明した製品や開発した技術をもとに新しい事業を創出していく実業家としての活動には学ぶところも多い。エジソンはビジネスにおいて大きな成功と失敗の両方を経験しているので、いい意味でも悪い意味でもお手本になる人物だ。つまり、遠くの偉人でありながら近くの仕事にも役立つという、一粒で二度も三度もおいしい人物だったのである。

だからこそ、もう一度、書かせてもらおう。エジソンはとってもとっても偉い人だ。そんなことは常識であり、いくつになっても忘れてはいけない。

それでは、発明王エジソンの新しい物語を始めよう。

Deep View

＊資金力に物を言わせ

白熱電球の実用化に目処が立つまで実験費用だけで4万ドル以上使ったという。今の価値で1億円以上であり、市中の発明家が簡単に負担できる金額ではない。

＊突出しているわけではない

エジソンの最初の妻メアリは、彼があまり家に帰ってこないのでノイローゼになったと言われている（ストレスのため浪費に走ったとの話もある）。ただし、これはエジソンだけの問題ではなく、彼女自身の性格や環境にも原因があると考えるべきだろう。夫が忙しい家庭で妻が育児ノイローゼになるのは今でもよくある話で、だからこそ自分が特殊だと思わず、気軽にカウンセリングなどを受けたほうがいい。

＊三大要素

『週刊少年ジャンプ』における「友情・努力・勝利」のようなもの（わかります？）。

＊ライバルたちと切磋琢磨しながら

こう書くと、正々堂々と勝負しているイメージが強いが、実際には相手の裏をかくような行動に出たり、嘘情報を流して混乱させたり、ネガティブキャンペーンどころかほとんど反則技の非難中傷合戦をしたりと、発明家たちの闘いはかなり熾烈だった。エジソンもそんな時代を生き抜いてきたのだから（しかも圧倒的な勝ち越し）、相当、図太い人物であることがわかる。

1882年（35歳）	ニューヨークで中央発電所を稼働。ロンドンにも発電所を建設する
1883年（36歳）	エジソン効果（真空管の基本原理）を発見
1884年（37歳）	妻メアリが死去
1886年（39歳）	マイナ・ミラーと再婚
1887年（40歳）	ニュージャージー州にウェスト・オレンジ研究所を設立
1888年（41歳）	改良型蓄音機を完成させる
1889年（42歳）	エジソン系列会社が合併し、エジソン・ゼネラル・エレクトリック社に キネトグラフとキネトスコープを発明
1890年（43歳）	鉄鉱石粉砕事業を始めるが失敗し、1899年に撤退
1892年（45歳）	エジソン・ゼネラル・エレクトリック社とトムソン・ハウストン社が合併しゼネラル・エレクトリック（GE）社に（エジソンは辞任）
1900年（53歳）	アルカリ蓄電池の研究を開始する
1901年（54歳）	セメント事業を始める（1898年説もあり）
1908年（61歳）	映画関連の特許会社を設立
1909年（62歳）	ニッケル－鉄－アルカリ蓄電池（エジソン電池）を完成
1910年（63歳）	トースターを発明。所有の会社をトーマス・A・エジソン社に統合
1913年（66歳）	トーキーの走りとなるキネトホン（活動写真＋蓄音機）を発明
1914年（67歳）	ウェスト・オレンジ研究所が火事になるが、すぐに再出発宣言
1915年（68歳）	海軍発明諮問委員会の代表となる
1922年（75歳）	『ニューヨーク・タイムズ』紙の投票で「存命中の最も偉大なアメリカ人」に選ばれる
1927年（80歳）	人工ゴムの研究を始める
1929年（82歳）	白熱電球発明50周年祭が世界各地で開催。糖尿病と腎臓病で倒れる
1931年（84歳）	10月18日、死去

※複数の資料から著者作成

トーマス・アルバ・エジソン年表

1847年（0歳）	2月11日、オハイオ州ミランで7人きょうだいの末っ子として生まれる
1854年（7歳）	ミシガン州ポートヒューロンに転居
1855年（8歳）	小学校に入学するが、3カ月で退学
1857年（10歳）	『A School Compendium of Natural and Experimental Philosophy』に出会う
1859年（12歳）	グランドトランク鉄道で新聞の売り子になる
1862年（15歳）	車内新聞『グランドトランク・ウィークリー・ヘラルド』を創刊
1863年（16歳）	マウントクレメンス駅の駅長から電信技術を学ぶ 電信技師として6年間、アメリカとカナダを転々としながら働く
1964年（17歳）	時計と連動した自動電信送信機を「発明」し、問題を起こす
1868年（21歳）	電気投票記録機を発明し、最初の特許を申請
1869年（22歳）	ボストンのウェスタンユニオン社をやめ、発明に専念する 株式相場表示機「ティッカー」を発明し、特許を申請 ニューヨークに移り、ホープ・エジソン商会を設立
1870年（23歳）	ウェスタンユニオン社にティッカーの特許を売却して4万ドルを得る
1871年（24歳）	メアリ・スチルウェルと最初の結婚。タイプライター、印字電信機を発明
1872年（25歳）	自動電信機の特許を申請
1874年（27歳）	四重電信機を発明
1875年（28歳）	謄写版を発明
1876年（29歳）	メンロパーク研究所を設立
1877年（30歳）	電話（送話機）を完成させる。蓄音機を発明する
1878年（31歳）	最初の電球の特許を申請する。エジソン電灯会社を設立
1879年（32歳）	炭素フィラメント白熱電球を発明
1880年（33歳）	鉄鉱石抽出法の特許を申請。メンロパークで電気機関車実験に成功 発電機を製作し、送配電システムを完成。エジソン照明会社を設立

本書で使用した資料について

主なものは巻末に一括して記したが、他にも子供向けの伝記本で入手できたものについてはひと通り目を通している。資料として参考にした本のうち、日本人が書いたものは孫引き、ひ孫引きが多いと思われるので内容を鵜呑みにはせず、より情報の出所に近いアメリカで発行された本（の翻訳書）と照らし合わせることで、できるだけ真実に近づけるように努めた。なかでも次の3冊は、比較的、信頼できると判断したので（ただし、すべての情報が正確だとは限らない）、基礎資料として重宝させていただき、文中でも何度か引用している。

『エジソンの生涯』
マシュウ・ジョセフソン著、矢野徹訳／新潮社／1962年5月

1959年にアメリカで発行された『EDISON BY MATTHEW JOSEPHSON』の翻訳本。日本語で読めるエジソン伝としてはもっとも古い部類に入る（これ以前のものは入手が困難）。著者によるとエジソンの伝記は没年（1931年）前後にアメリカで盛んに出版されたが、その後、25年近い空白期間があったという。しかし、この間にも新しい事実は次々と判明していたため、それらを加えたスタンダードなエジソン伝を目指して執筆された意欲作である。

『エジソン　20世紀を発明した男』（本文中では『20世紀を発明した男』とした）
ニール・ボールドウィン著、椿正晴訳／三田出版会／1997年4月

現在、日本で読むことのできるエジソン本としてはもっとも情報量が多く、また比較的、新しい部類に入る（原書の発行は1995年）。著者は多くの伝記本に描かれてきたエジソンの人物像をそのまま信じることはせず、資料や状況証拠などから真実に近づこうと努力しており、この方針は本書と通ずる。ただし、これはここに挙げた3冊すべてに共通するのだが、エジソン本人が語った内容をどこまで事実だと考えるかという点において筆者とは解釈の異なる部分があり、それについてはその都度、本文中で説明している。

『エジソン　電気の時代の幕を開ける』（本文中では『電気の時代』とした）
ジーン・アデア著、オーウェン・ギンガリッチ編／大月書店／2009年4月

原書発行は1996年。先の2冊は歴史書としては秀作であるものの、どちらの著者も科学や技術は専門外なのか、発明の細かい部分に関しては説明が不足している。このため「モノづくり」のおもしろさを十分に伝えられていないのは残念だ。この本は科学・技術史の中で偉人たちの活躍をどう位置づけるかという観点で編纂された伝記シリーズの1冊だけに、補完的な役割を果たしてくれた。なお、日本でも工学博士である名和小太郎氏がエジソンに関して2冊の著書を出しており、併せて参考にさせていただいた。

目次

目次

第1章

「未来へのレール」となった1冊の本

本書の主人公であるトーマス・アルバ・エジソンが生まれたのは1847年、アメリカ合衆国という新興国が誕生してから70年ほど経ったころだ。彼が**14歳に**[*]なる1861年には奴隷解放を訴えたエイブラハム・リンカーンが大統領になり、以降、約5年間にわたって国内を二分する南北戦争が続いたのだから、かなり激動の時代に育ったことがわかる。

幼少期のエジソンのエピソードとして伝記物語の序盤の目玉になっているのが、小学校を退学させられてしまった話だ。史実だと思われるものだけを並べていくと、そこに至る経緯はこうなる。

学校に入るまでのエジソンはとにかく好奇心が強かったようで、周囲の大人にすぐ「これはなぜ?」「どうしてそうなるの?」と質問していた。このため、けっこう煩わしい子供だと思われていたようだ。また毎日のように家の周囲を歩き回り、いろいろな発見をしている。ただし、このような幼少期のエピソードだけを見て、「規格外の子供だ」と決めつけるのは早計だと思う。何にでも興味をもつのは小さな子供にはよくあることだし、7人きょうだいの末っ子で年長者に囲まれて育ったという家庭環境を考えると、「周りの人に聞けば、なんでも答えてくれる」と信じていたとしてもおかしくないからだ。

伝記本の定番エピソードであるガチョウの卵を孵化させようと自分の腹で温めていた話は事実だったようだが、これもそれほど特異な行動とは思えない。「卵は温めれば孵る」と言われれば子供なら試したくなるものだ。しかも、目の前にガチョウの巣があるような環境に育てば、なおさらである。そして、それを見つけた大人に「何日もかかるし、君はガチョウじゃないから無理だよ」と笑われ、あきらめる。けっこう日常的な光景だと思う。

それでもエジソンの場合は遠くから聞こえる音が少し遅れることに気づいたとか、車輪の大きさと走行性能の関係を知ろうと馬車の行列をずっと観察していたといった話が数多く伝えられており、物事を科学的にとらえようとするセンスは早くから発達していたようだ。ただし、ひとつのテーマをとことん掘り下げていく学究タイプではなく、いろいろなことに幅広く関心をもつ企画者タイプであり、そう考えると大学には行かず発明家を目指したのは正解だった。

ところで、子供時代のエジソンは一人で行動することが多かったことから、そこだけを切り取って「遊び仲間もつくれない孤独な子」といったキャラクターにもっていこうとする人がいるが、ずいぶん乱暴だと思う。家族関係について補足しておくと、すぐ上の3人のきょうだいは彼が生まれる前には亡くなっている。したがって、一番近い姉でも14歳離れており、一緒に遊んでくれる関係ではなかった。また彼の生まれた家は**集落の北の外れ**[*]にあったので、近所に同年代の子供があまりいなかったとしてもおかしくはない。

周囲に遊び仲間が少なかったせいもあるのだろう、母親であるナンシーはエジソンを溺愛

父：サミュエル	1804 生（43 歳上）	
母：ナンシー	1811 ごろ生（36 歳上）	1828 結婚
長女：マリオン	1829 生（18 歳上）	
長男：ウイリアム・ピット	1832 生（15 歳上）	
次女：ハリエット・アン	1833 生（14 歳上）	別名タニー、結婚後 30 歳で没
次男：チャーリー	1836 生〜1842 没	（エジソン誕生時にはいない）
三男：サミュエル・オグデン三世	1840 生〜1843 没	（エジソン誕生時にはいない）
三女：エリザ	1843 生〜1846 没	（エジソン誕生時にはいない）
四男：トーマス・アルバ	1847 生	

エジソンの家族

し、時間の許す限りそばにいてあげた。これに対して父親サミュエルとの関係についてはよくわからないところがある。なぜなら、何にでも疑問を感じ、納得するまで観察や質問を続ける息子を煩《うるさ》がり、距離を置いていたと書く資料が少なくない一方、『20世紀を発明した男』では「父サミュエルはことのほかアル（幼少期のエジソンの呼び名）をかわいがり、土曜日の晩になると、まとわりつくアルをつれて町の広場までぶらぶら歩いて行ってはバンド演奏を楽しんだものだった」と記しているからだ。本書では後者の説明のほうが事実に近いと考えるが、ただ、この一件だけを見てもエジソンに関する情報はブレが大きく、真実を追究していくのは簡単ではないことがわかっていただけると思う。

エジソンが生まれたオハイオ州ミランは、カナダとの国境に連なる五大湖のひとつエリー湖の南

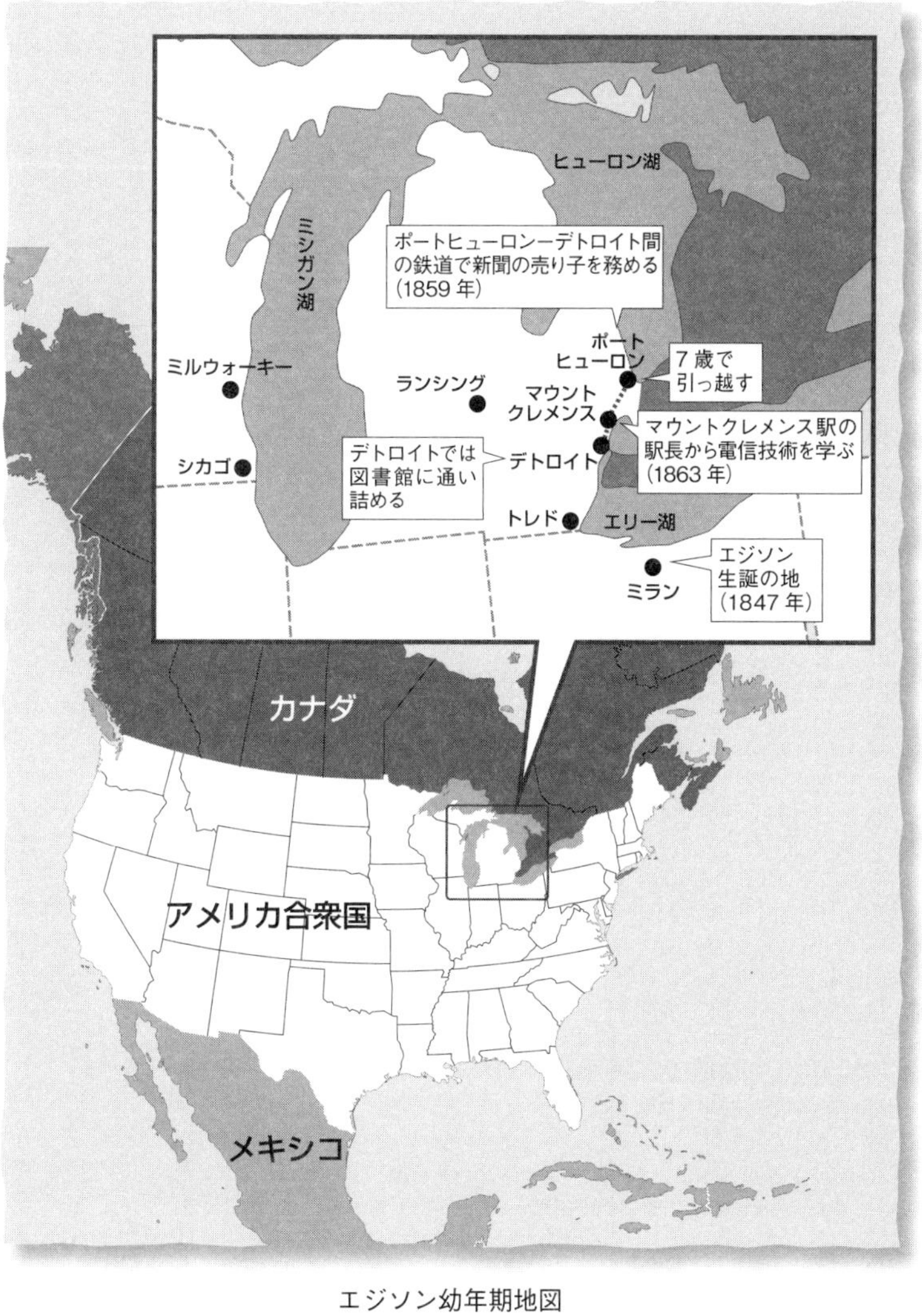
ヒューロン湖
ミシガン湖
ポートヒューロン―デトロイト間
の鉄道で新聞の売り子を務める
(1859 年)
ポート
ヒューロン
7 歳で
引っ越す
ミルウォーキー
ランシング
マウント
クレメンス
マウントクレメンス駅の
駅長から電信技術を学ぶ
(1863 年)
シカゴ
デトロイトでは
図書館に通い
詰める
デトロイト
トレド
エリー湖
エジソン
生誕の地
(1847 年)
ミラン
カナダ
アメリカ合衆国
メキシコ

エジソン幼年期地図

にある小さな町だ。五大湖はすべて合わせると約24万平方キロメートルあり、イギリスの国土面積にも匹敵する広大な水域である。しかもそのころにはすべて運河で結ばれていたうえ、大西洋へも出入り可能だったことから「北米の地中海」と呼ばれていた。水運の良さを活かして周囲の町では早くから運輸業や製造業、商業などが発達しており、川や運河を経由してエリー湖につながるミランも最盛期には世界有数の穀物出荷港として栄えたという。

7歳のとき、エジソン一家はやはり五大湖のひとつヒューロン湖に面したミシガン州ポートヒューロンに引っ越した。転居の理由は新設される鉄道のルートからミランが外れて衰退が始まったからで、父親サミュエルはいつも「一発当てたい」と考えながら職を転々とする山師タイプだったので機敏に新天地を求めたのだろう。加えて、大事な末っ子を教育環境の整った土地で育てたいという親心もあったと信じたい。

カナダとの国境沿いの港町であるポートヒューロンは交通の要衝として早くから拓けていた。加えて、すでに馬車や自転車製造で発展していた工業都市デトロイトの衛星都市という位置づけもあったので人口が急増しており、町中が活気にあふれていたという。

ところがそんな希望の町でエジソンは猩紅熱《しょうこうねつ》にかかってしまう。全身に紅色の発疹ができる伝染病は今では抗生物質で簡単に治るものの、そのころは難病だった。子供が発病すると高熱が続き、重篤な症状を引き起こすこともあったため、かなり恐れられていたようだ。ちなみにヘレン・ケラー（1880年生まれ、エジソンの33年後）が視力と聴力を失ったのもこの病気のせいだったと言われている。それまでに多くの子供たちを亡くしていたエジソン一家にとってはかなり深刻な事態だったはずだ。

幸い、エジソンの症状はそこまでひどくはならなかったものの、もともと病弱だったせいもあり、学校に通わせるのを１年遅らせた。なお、彼は後年、耳の聞こえが悪かったと言われているが、その原因はこのときの病気だと考えられている（聴力に関するエピソードは第２章で詳しく触れる）。

そんなこんなで、小学校に入学したのは１８５５年、８歳のときだった。

Deep View

＊14歳に

年齢に関して本書では誕生年を0歳、その後、年が新しくなる段階で自動的に1歳ずつ増えていくこととし、誕生日は考慮しない（つまり1月1日に加齢する）。

＊集落の北の外れ

グーグルで「Edison Birthplace」と検索すると地図が出てくる。生家は木造建築が並ぶ集落から少し離れたところに建つレンガ建築の家だったそうで、今は「Thomas Edison Birthplace Museum」という名前の博物館になっている。（http://tomedison.org/）

■「3カ月で退学」はそんなに大事件だったのか？

ようやく通えることになった小学校だったが、わずか3カ月で退学させられたというのは、いろいろな資料を読む限り事実のようだ。しかし、その評価については意見が分かれる。

まず重要なのは、そこがどんな学校だったのかという点だ。入学する年齢が7歳前後であることから「小学校」と説明されることが多いが、これは初等教育を行っていた学校という程度の意味に過ぎず、今日のような「体系立った教育制度に組み込まれた最初の学校」を指すわけではない（義務教育ではなかったのでエジソンも入学を遅らせることができた）。

そのころのアメリカはまだ発展途上だったので、**統一された教育制度***のようなものはなかった。エジソンが入学したのも牧師が運営していた私塾のようなところで、時代を考えると日本の寺子屋あたりを想像したほうが近いのかもしれない（『エジソンの生涯』には「教室一つの学校」と書いてある）。当然、国語・算数・社会・理科・体育・芸術といった幅広い授業のカリキュラムなどあるはずもなく、教えてくれるのは読み書きや計算が中心。すでに科学や技術に幅広く興味をもっていたエジソンにとっては、最初からおもしろい授業ではなかったはずだ。また、母ナンシーは陸軍大尉の娘で、そのころにはめずらしく、きちんと教育を受けてきた女性だった（一部にある元教師という説については確証が得られていない)。それだけに、授業の内容を知れば「そのくらいなら、わざわざ学校に通わせなくても自分で教えられそうだ」と思ってしまったとしてもおかしくはない。つまり、出会いの段階から学校とエジソン家のあいだには微妙な齟齬があった可能性が高いのである。

教養ある母と年の離れた兄姉に囲まれていたエジソンは、年齢の割には知識があったはずだ。しかも、早くからたくさんの本に囲まれていたので、もしかすると入学した段階で、ある程度の読み書きや計算はできたのかもしれない。その後の彼の人生を考えると、そのくらいの早熟ぶりを発揮していないと辻褄が合わないからだ。

それなのに、教室で教わることといったらアルファベットの基礎や簡単な足し算ぐらい。

不満に感じるというより、授業に飽きてしまったとしてもおかしくはない。

しかも、しょせんはまだ8歳の子供である。気が散ってよそ見ばかりしてしまい、先生の話もそっちのけで窓の外を眺め続けるぐらいのことは平気でする。あるいは「僕はもっといろいろなことを知っている」と自慢し、難しいことを教えてほしいと特別な待遇をねだったかもしれない。早期に退学させられた理由のひとつに「**授業に関係ない質問***ばかりして他の生徒に迷惑をかけた」というのがあるが、事実上、一人っ子のように育てられてきた新入生にそこまでバランス感覚を求めるほうが無理だろう。

一方、教師にしてみれば、他の子供たちの親が求める「商売に役立つ読み書きと計算を教えてほしい」というニーズには着実に応えていかなければならない。小さな学校が経営を成り立たせるには、こっちのほうが優先事項だ。となると授業は一番レベルの低い生徒に合わせて進めるしかなく、高度で多様な知識を求めるエジソンなんかに関わっていられない。それがわかったので母親に「彼はこの学校よりも他のところで教育を受けたほうがいい」と**退***

学を勧めたとしても、そんなに大事件とは思えないのである。

ところで、クラスのやっかい者になりかけていたエジソンに対し、怒った教師が「おまえの頭は腐っている」と罵声を浴びせたといった話があるが、これについてはかなり疑っている。牧師が運営していた学校ということは、教師や職員も多くは宗教関係者だと考えられるわけで、いくらなんでもそんな口の利き方はしないだろう。しかも相手は8歳の子供で、入学して3カ月も経っていない「つき合いの浅い」段階だ。もし事実だったとしたら、その教師のほうが、よほどの問題人物である。

それでも、このあたりは伝記物語の序盤の山場なので、たいがいは派手なバトルとして描かれる。教師は鬼のような暴言を吐き、売り言葉に買い言葉で母親も「それなら私が教えます。もう、あなたたちには頼みません！」と啖呵を切ったほうが場面は盛り上がるからだ。

なぜ、このような展開が好まれるのかというと、児童向けの伝記本では「子供のときに周囲とうまくいかなかった人物でも、がんばれば立派な大人になれる」といった教訓を盛り込みたいからだと思う。しかし、そういったお約束を排除し、さらに時代背景を考慮しながら常識的な感覚で読み解いていくと、退学に至る経緯はそれほど特殊な状況ではないことがわかる。もちろん１６０年以上も昔の話をどちらが正しいのか断定するのは難しいが、**真実**[*]**はどうあれ**、限られたことしか教えてくれない学校を離れたことは、エジソンにとってむしろ幸運だった。なぜなら、そのおかげで自由にたくさんの知識を学べるようになり、発明家への第一歩につながったのだから、結果オーライといったところだろう。なので、こんなところで大騒ぎせず、さっさと話を先に進めよう。

Deep View

＊統一された教育制度

アメリカでは1852年にもっとも進歩的なマサチューセッツ州で義務就学法が制定されたが、それが全州に及ぶのは1918年であり、20世紀になるまではあまり厳格な教育制度はなかった。

＊授業に関係ない質問

「1＋1＝2」を教える教師に「粘土の塊を2つ合わせても1つなのでおかしい」「リンゴ1個とオレンジ1個では2つの果物があるとは言わない」と疑問をぶつけたというエピソードがある。ちょっとできすぎなので創作の可能性があるものの、エジソンの人物像を伝えるうえでは興味深い話だ。ただし、これも「規格外」と決めつけるのは無理がある。こういう考え方をする小学生は、クラスに数人は必ずいるものだ（筆者も同じようなことを思っていた）。

＊退学を勧めた

エジソンの知識欲をその学校の授業では満足させてあげられないのだから「他で教育を受けたらいかがですか?」とアドバイスしただけかもしれない。それならできるだけ早く伝えたほうがいいので、「入学してたった3カ月で」というのも納得できる。

＊真実はどうあれ

『エジソンの生涯』には、このころのエジソン一家は貧しく、授業料が払えなかったので自主的に退学したという説も併せて紹介されている（支払いを催促した手紙が残っている）。また『20世紀を発明した男』と『電気の時代』ではエジソンは他の公立学校にも通ったことがあり、伝えられるエピソードのいくつかはそちらの話だとしている。ただし、両書とも完全に情報を把握できていないのか説明が不十分だったので、本文中ではあえて触れなかった。いずれにしろ「エジソン小学校退学事件」は、まだまだ謎だらけである。

■シェイクスピアからニュートンまで読んだ子供時代

学校を辞めることになったエジソンは、母親の宣言通り自宅で教育を受けることになる。小学校低学年レベルのカリキュラムであれば教養のある彼女にとっては何の問題もなかったはずで、そう考えると、最初から学校に通わせなくてもよかったように思う。

ナンシーが教育者として優秀だったのは、授業を進める一方で早い時期から多くの本を与えていたところだ。そうすることで、一人の教師では教えられない幅広い教養を身につけさせることができる。

もっとも、本のラインアップはかなりぶっ飛んでいた。資料によると**シェイクスピア***や**チャールズ・ディケンズ**などの文学作品から、『ローマ帝国衰亡史』『英国史』のような歴史書、さらにはアイザック・ニュートンの『プリンキピア（自然哲学の数学的諸原理）』まであり、どう考えても10歳前後の子供に読ませる本ではない！

なかでも驚くのはニュートンの名著だ。1687年に初版が出た『プリンキピア』は質量・運動量・慣性・力などを体系づけたニュートン力学の集大成で、アインシュタインが相対性理論を打ち立てるまで200年以上にわたって**物理学の最先端***であり続けた**。当然、**かなり***難解**であり、専門的な知識がないと理解できない。さすがのエジソンも**この本***についてては苦**

戦したようで、後年「まるで硬すぎるステーキを食べているようなものだった。あの本のせいで数学が嫌いになった」とボヤいていたという。

なお『プリンキピア』については、後にデトロイトの図書館で読んだとの説もあり、エジソン家の経済事情を考えればその可能性は十分にある。他の文学書や歴史書はもともとナンシーの蔵書だと思われるが、いくら教養高い女性でもニュートンは畑違いだろう。書籍の価格が今よりはるかに高い時代だっただけに、新たに買い求めたとも思えない。

そうだったとしても、エジソンが『プリンキピア』を読もうとしたのは12～13歳のときのことなのだから、十分に早熟なのだが……。

余談だが、エジソンがまだ幼く字も読めないとき、ナンシーは子守歌代わりに毎晩のように本を読み聞かせていた。そのときの作品もわかっていて、定番の『マザーグース』に始まり、『ロビンソン・クルーソー』や『ノートルダムのせむし男』などの物語性のある児童書ばかり。これを見ると普通の家庭の平和な光景しか思い浮かばない。それなのに、退学後はどうして大学生レベルの本ばかり与えたのか?

思うに、普通のお母さんから教育者にシフトした段階で彼女の中になんらかのスイッチが入り、「この子を立派な人に育てなければ」と異常とも言える闘志が生まれたのではないだろうか。このあたり、もし会えるなら、ぜひインタビューしてみたいテーマである。

Deep View

＊ウィリアム・シェイクスピア（1564～1616）

エジソンの300年くらい前の人なので、今の日本の小学生が近松門左衛門を読むようなものか。

＊物理学の最先端であり続けた

アインシュタインなどが活躍する20世紀になるまで、「もう物理学でやることはない」と言われていたほどだ（つまり、ニュートンが物理学の基本的な法則はすべて見つけてしまったと思われていた）。

＊かなり難解

科学史に残る歴史的な名著を多数収集していることで有名な金沢工業大学ライブラリーセンターでも初版本を所有しているが、それを紹介しているページの解説文だけでも相当に難しく、内容が想像できる。http://www.kanazawa-it.ac.jp/dawn/168701.html

＊この本については苦戦した

異説の多いエジソン伝説だけに、ここでも「（プリンキピアを）一読して、その世界に魅了された」と書いていた資料があった。しかし、いくらなんでもそこまで神童ではないだろう。もしそうなら発明家ではなく、物理学者になっていたはずだ。

を微妙にアレンジし、典型的な症状に寄せようとしている。いい例が、子供のころに起こした火事だ。「火がどうやって燃えるのか確かめようとして納屋に燃え移ってしまった」という事件を引き合いに出し、「学校でも家庭でも問題児だったのです！」とADHDっぽさを強調する。

しかし、火事を引き起こしたのが事実だったとしてもそれは5歳のころの話であり、時期がかなりずれている。そして、そのくらいの子供が火遊びをしたがるのはめずらしいことではなく、だから今のライターは簡単に点火できないようにボタンを重くしているのである。それなのに2つの「事件」を結びつけ、自説の根拠にしようとするのはかなり乱暴だと思う。

それにしても、どうしてこんな主張がされるのか？　ちなみにエジソンと同様、ADHD仲間にされている偉人には坂本龍馬、本田宗一郎、レオナルド・ダ・ヴィンチ、モーツァルト、ジョン・F・ケネディ、アインシュタイン、ピカソ、ジョン・レノンなど錚錚たる顔ぶれだ。おそらく「どんな子供でも適切な対処をしていけば立派な人物になれる」と印象づけたくてどんどん追加しているのだろうが、本当にそう言い切れるほどそれぞれの人物について詳しく調べているのだろうか。あるサイトにこんな文章があった。

「(エジソンは) 発明家になってからも、一つのプロジェクトでつまづくと、もう次のことにチャレンジするという有り様でした。一つのことを最後まで成し遂げられない、現代でいうADHDの典型的症状が、ここでも見られます。しかし、彼の創造性は尽きることなく、あるがままの自分に従った結果、生涯で1,300もの発明をしたのです」

いくらなんでもそんなに移り気だったら投資家に信用されず、資本主義社会のアメリカでは成功できないだろう。ADHDの可能性のある子供たちを励ましたいという考えには大賛成であるものの、どんな目的であれ大人が堂々と嘘をつくのはまずいと思う。

column

エジソンを発達障害児にしたがる人たち

インターネット上では「エジソンはＡＤＨＤだった」という書き込みをよく見かける。ADHD（Attention Deficit/Hyperactivity Disorder）は注意欠陥・多動性障害と呼ばれ、具体的には「落ち着きがなく、じっとしていられない（多動性）」「すぐ気が散り、考えにまとまりがない（不注意）」「他の人と合わせることができず、勝手に行動してしまう（衝動性）」などの症状を示す。原因は完全にわかっていないものの、先天的な脳の発達の遅れが一因だと考える研究者がおり、このため躾で無理に治そうとせず、一種の病気として適切に対応しなければならないそうだ。

そして、エジソン＝ADHD説では、次のようなエピソードを根拠に挙げている。

◇教室では、いつも空想に浸っていた。勝手に席を離れてしまうこともあり、そのせいか成績はずっとビリだった。

◇先生の話に屁理屈（１＋１の件など）で反論し、授業を妨害した。

◇「なぜモノが燃えるのか」と疑問をもつといきなり藁を燃やし、納屋を火事にしてしまった。

要するに多動性・不注意・衝動性の症状をすべて示しているというのである。

もちろん、ADHDだった可能性がまったくないとは言わないが、学校を退学した経緯は当時の状況を考えると、それほど特殊ではないことは前述した通り。なのに、なぜそこをクローズアップしようとするのか？

しかも、エジソン＝ADHD説を広げようとする人たちは「根拠」

■1冊の本との出会いが発明王への出発点

子供時代にたくさんの本を読んだ（読まされた？）エジソンだが、当時の彼がもっとも興味をもち、大きな影響を受けたのが**リチャード・グリーン・パーカー**[*]という著者の科学入門書『**A School Compendium of Natural and Experimental Philosophy**[*]』（以下、『自然と実験の哲学』とする）であることは多くの資料が記している。ところが、それほど重要な1冊でありながら、これまで詳しく解説されることはなかった。このため、エジソンの生涯を探るうえでミッシングリンクのような存在になっていたのである。

ところが、今回、筆者はその本を入手することができた。したがって、ぜひ紹介していきたいのだが、その前に、ここに至る経緯を説明しておく必要があるだろう。

筆者は数年前にエジソンの伝記マンガの原作を担当することになった。同じ出版社でそれまで発行されていた旧版がだいぶ古くなったので、改訂版を出すことになり、歴史だけでなく科学・技術に比較的詳しかったことから仕事の依頼を受けたのである。

そこで改めて彼の足跡を調べていくうちにこの本のことを知り、強い関心をもった。少年時代のエジソンがそんなに夢中になったのなら、ぜひ詳しい内容を知りたいものだ。

ところが、それが簡単でないことはすぐにわかった。調べてみる限り日本語訳が出版された形跡はなく、申し訳ないが語学力には自信がないので、わざわざ原書を探し出してまで読もうとは思わなかったからだ。

それでも、せめて表紙と目次ぐらいは見つからないか……と未練がましく英語の書名をインターネット上で検索してみたところ、びっくりしてしまった。アメリカの図書館などが運営する**古書のデータベース***に原書のコピーが登録されているのを発見し、あっさり全文が手に入ってしまったのである。そうなると、もう知らんぷりはできない。拙い英語の知識をフル活用して読み始めるしかなかった（断っておくが、精読ではなく、あくまで拾い読みである）。

最初は苦痛の連続だった。物理や化学の専門用語が多いのに加え、出版されたのは19世紀半ばだから、要するに「江戸時代」の英語を読んでいるようなもの。そうなると語学力だけでなく時を超えた想像力も必要だ。

それでも苦労して読み進めていくうちに、徐々に気分が高揚していく。なぜなら、「あの発明はここからヒントを得たんだ！」と思える箇所が次々と見つかったからだ。少なくともエジソンの初期の業績は多くがこの本をヒントにしているし、その後もところどころに影響が見られる。最終的には発明王の人生設計図を盗み見ているような気分にすらなり、「これは大変な資料を見つけてしまった！」と興奮したのを覚えている。

CONTENTS

The Index at the close of the volume, being full and comprehensive, will be found more convenient for reference.

Experimental Philosophy』の表紙（扉？）と目次

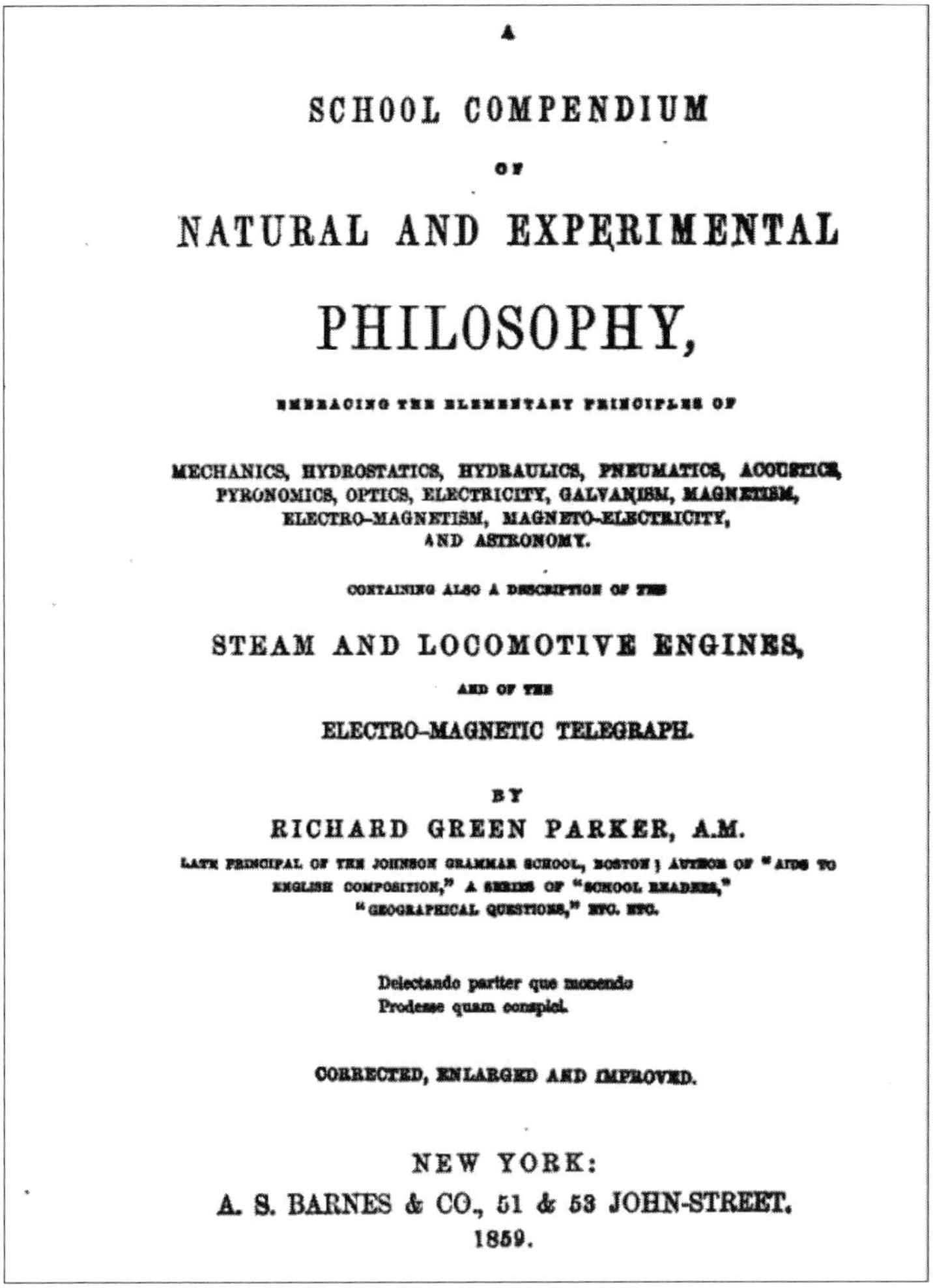

A

SCHOOL COMPENDIUM

OF

NATURAL AND EXPERIMENTAL

PHILOSOPHY,

EMBRACING THE ELEMENTARY PRINCIPLES OF

MECHANICS, HYDROSTATICS, HYDRAULICS, PNEUMATICS, ACOUSTICS, PYRONOMICS, OPTICS, ELECTRICITY, GALVANISM, MAGNETISM, ELECTRO-MAGNETISM, MAGNETO-ELECTRICITY, AND ASTRONOMY.

CONTAINING ALSO A DESCRIPTION OF THE

STEAM AND LOCOMOTIVE ENGINES,

AND OF THE

ELECTRO-MAGNETIC TELEGRAPH.

BY

RICHARD GREEN PARKER, A.M.

LATE PRINCIPAL OF THE JOHNSON GRAMMAR SCHOOL, BOSTON; AUTHOR OF "AIDS TO ENGLISH COMPOSITION," A SERIES OF "SCHOOL READERS," "GEOGRAPHICAL QUESTIONS," ETC. ETC.

Delectando pariter que monendo
Prodesse quam conspici.

CORRECTED, ENLARGED AND IMPROVED.

NEW YORK:
A. S. BARNES & CO., 51 & 53 JOHN-STREET.
1859.

『A School Compendium of Natural and

言うまでもなく、今回の発見は筆者の能力や努力によるものではなく、単なる幸運だ。現在、発行されているエジソン伝の多くは1990年代の半ばぐらいまでに書かれたもので、それ以降は特に目新しい発見があったわけではないから、ほとんど出版されていない。したがって、ここ20年ほどの間、エジソンの人生を改めて紐解こうとする人はあまりいなかったのである。

1990年代半ばといえば、ようやく一般の人でもインターネットを利用できるようになったものの、通信環境が整っていたとは言えないし、もちろん「自由に閲覧できる古書のデータベース」なんてなかった。したがって、エジソン伝の著者が『自然と実験の哲学』に興味をもったとしても探し出すのはまず無理だ（特に名著というわけではないので、アメリカの古書店を回っても簡単には見つからないだろう）。

ところが、筆者はネット環境が整った時代に、たまたまエジソンについて書く機会を得ためずらしい人物だったため、「棚からぼた餅」的にこの本を手に入れてしまった。まさか自分の人生に、まだこんな強運が残っていたとは思わなかっただけに、この運を少しでも多くの人にお裾分けしなければいけないと考え、書き始めたのが本書である。

話を戻そう。

『自然と実験の哲学』の最大の特色は、物理や化学の基礎からそれらの応用によって生まれる最新の技術まで幅広く紹介している点だ。もともとは高校あたりで教科書に使われることを想定して書かれたらしいが、特定の分野にこだわらない姿勢は斬新に感じる。

さらに展開が見事で、読み進めるうちに「科学の知識があれば、それらを進歩させたり、それぞれを組み合わせたりすることで世の中を便利にする画期的な装置を生むことができる」と気づけるようになっている。もしかして著者は、将来の発明家に向けてこの本を書いたのかもしれない。

しかも、一つひとつの項目は10行程度の短い文章で説明されているうえ、挿絵も多いので、おもしろそうなところだけ拾い読みすることができる。何にでも興味をもつエジソンにとっては、おあつらえ向けの本だったはずだ。

彼がこの本を手にしたのは10歳のころだと思われる。高尚な文学書や難解な歴史書に飽きしていたのか、すぐに夢中になり、何度も読み返しただけなく、書かれていることを確かめようと自宅の地下に実験室までつくってしまった。その後、電信技師として独り立ちしたあとも下宿に戻れば実験ばかりしていたそうだし、発明家になってからも実験室に泊まり込んで作業を続ける毎日だったから、エジソンの人生はこの本との出会いによって方向づけられたと言っていい。

Deep View

＊リチャード・グリーン・パーカー

Richard Green Parker。教科書や歴史書の執筆をしていたアメリカの作家で、科学・技術の専門家ではないらしいが、本の内容を見る限り相当な知識の持ち主であることがわかる。英語版のウィキペディアには該当ページがあるので、気になる人はチェックしてほしい。https://en.wikipedia.org/wiki/Richard_Green_Parker

＊ A School Compendium of Natural and Experimental Philosophy

直訳するなら「自然と実験の哲学　その教育用概論」となるのだが、実をいうと、これがこの本の正式な書名なのかどうかははっきりしない。というのも、原書ではあちこちに「タイトルらしきもの」が記してあり、どれが正解かわからないからだ。並べてみよう。

◇表紙 ： PARKER'S EDUCATIONAL COURSE NATIONAL PHILISHORPHY
◇扉　 ： A SCHOOL COMPENDIUM OF NATURAL AND EXPERIMENTAL PHILOSOPHY
◇序文 ： Parker's School Compendium of Natural and Experimental Philosophy

出版上のルールに従うなら表紙の「NATIONAL PHILISHORPHY」が書名になるのだろうが、多くの資料が扉の表記のほうを採用しているので、本書でもこちらに統一した（個人的にはこっちは「本書の概要」といった意味の扉ページのタイトルであって、書名ではないと思う）。

＊古書のデータベース

紹介しておくが、英文の書名をグーグル検索したほうが早く見つかるはずだ。

https://archive.org/details/aschoolcompendi03parkgoog
https://openlibrary.org/works/OL1499906W/A_school_compendium_of_natural_and_experimental_philosophy
https://books.google.co.jp/books?id=yTZQ2x8R7a4C&pg=PR3&hl=ja&source=gbs_selected_pages&cad=3#v=onepage&q&f=false

■科学が技術を生み、時代を変えていく

それでは、『自然と実験の哲学』の内容に移ろう。まずは本の全体像を知ってほしいので目次を紹介する。掲載するのは**1856年版***のものだ。今の英語表記とは違うところもあるのだが、そのあたりは本文を参考に修正してある。

最初の3章分は導入部であり、主に物理学と化学の基礎データを並べてある。日本の『理科年表』のような内容を想像してもらうといいかもしれない。

本文（本論）と考えられるのは4章目（41ページ）以降だ。というのも、表紙をめくった扉のページに「本書の概要」といった記述があり、そこでは「Mechanics、Hydrostatics、Hydraulics……Astronomy」と列記されていて、3章目までのMatterやGravityは外されているからだ。したがって、読み始めるのはここからでいいだろう。

本文の構成は大きく2つに分けられる。

前半は運動や熱、流体、機械といった18世紀までに確立していた物理学の解説だ。自然現象から導き出される物理の法則を丁寧に説明しており、今でも高校の物理の教科書として使えそうなほどしっかりした内容になっている。

そして、前半の集大成として登場するのが、当時の最先端エネルギー装置である蒸気機関

Divisions of the Subject（この本について）……………………17
Of Matter and its Properties（物質とその性質について）…19
Of Gravity（重力について）………………………………………33
Mechanics, or the Law of motion（力学と運動の法則）…41
The Mechanical Powers（機械）…………………………………70
Regulators of Motion（運動の制御）…………………………100
Hydrostatics（流体静力学）……………………………………108
Hydraulics（水力学）……………………………………………128
Pneumatics（空気力学）…………………………………………138
Acoustics（音響学）………………………………………………173
Pyronomics（熱科学）……………………………………………185
The Steam-engine（蒸気機関）…………………………………196
Optics（光学）……………………………………………………210
Electricity（電気）………………………………………………258
Galvanism, or Voltaic Electricity（直流電気と電池）……283
Magnetism（磁気）………………………………………………298
Electro-magnetism（電磁気）…………………………………308
The Electro-magnetic Telegraph（電磁気通信＝電信）…319
The Electrotype Process（電気による印刷）………………331
Magneto-Electricity（磁気による発電）……………………332
Thermo-Electricity（熱による発電）…………………………334
Astronomy（天文）………………………………………………335

目次の和訳

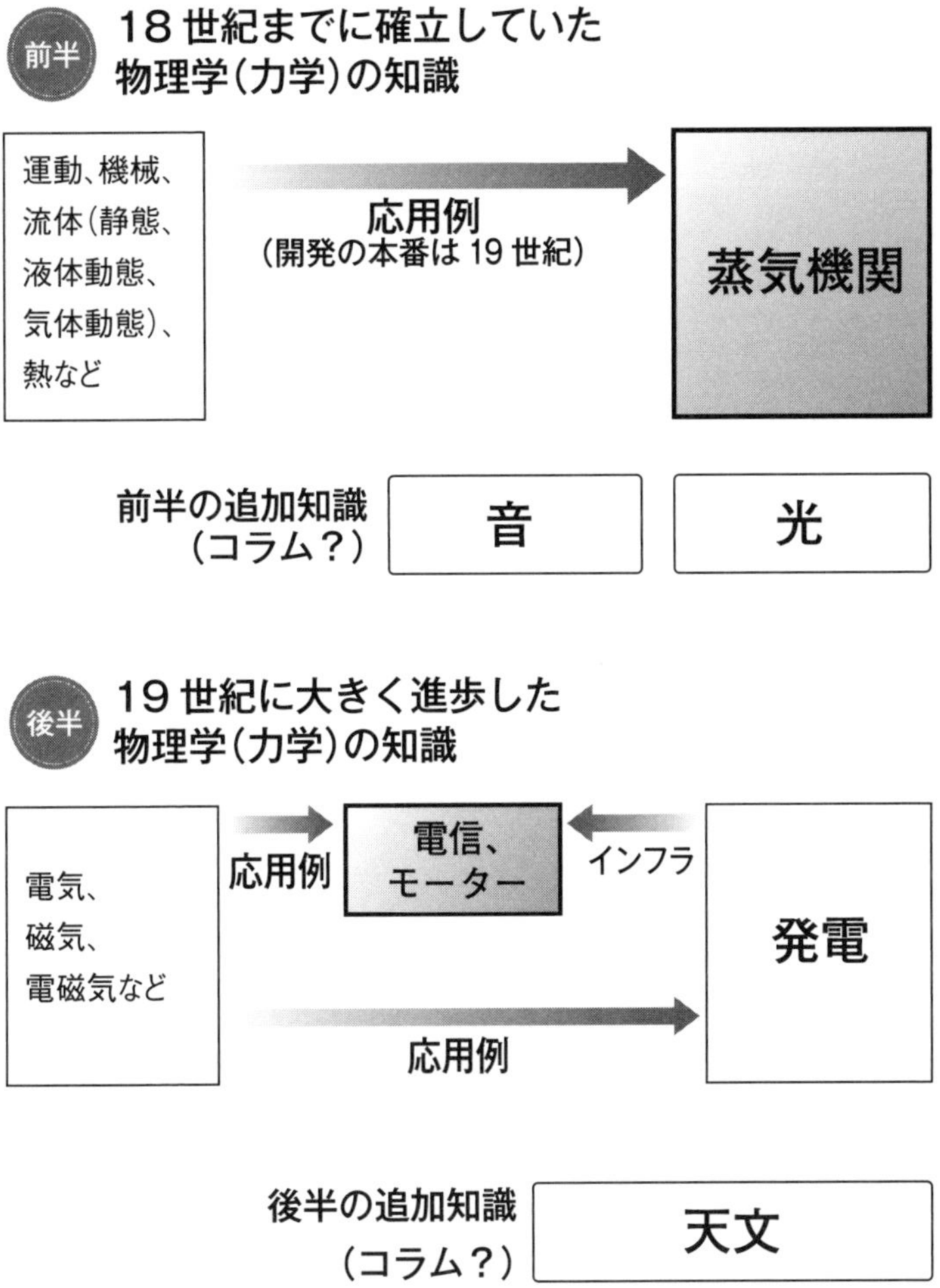

『自然と実験の哲学』の本文の構成

だ。産業革命の立役者である蒸気機関はイギリスのジェームズ・ワット（１７３６〜１８１９）が実用化への道を切り拓いたが、開発競争が本番を迎えるのは、むしろ彼の特許が失効した１８００年以降である。誰でも自由に開発できるようになると、ビジネスの可能性を感じた発明家たちが次々と参戦し、蒸気船や蒸気機関車などが誕生していく。つまり、18世紀までに確立された物理学の理論が19世紀に蒸気機関として結実し、世の中が大きく進歩していったわけで、「科学が社会の役に立つ」という事実をストレートに教えようという著者の姿勢には共感を覚える。

同じ姿勢は本文の後半部分、光学の章をはさんで始める電気や磁気に関する解説でも貫かれている。ここでも時代背景を説明しておくと、イギリスのマイケル・ファラデーが電磁誘導の法則を発見したのが１８３１年のことだ。この功績により、それまで「びりびりするだけ」だった電気と「鉄を引き寄せるだけ」の磁気との間に相関関係のあることがわかった。そしてこれらは変換できるエネルギーなのだから、うまく組み合わせればとんでもない装置ができるかもしれない。そしてファラデーの確立した理論に基づき実用化されたのが、離れた場所へも瞬時に情報を送ることができる電信や、モノを動かすモーターである。

さらにこの本では、電気機器の利用には発電機の開発が欠かせないといったことまで書いている。現代の私たちには当たり前の考え方だが、『自然と実験の哲学』が発行された19世紀半ばは、まだ電池が電源の主流であり、電気回路は装置の中だけで完結していた。それにもかかわらず、大型発電機による電力システムの構築を予感させる内容には驚いてしまう。なお、最終章の天文学は全体の流れからは大きく外れるものの、１８４６年にドイツのヨハン・ゴットフリート・ガレが「他の惑星の動きからニュートン力学を利用して新たな惑星である海王星を発見する」という**歴史的な偉業***を成し遂げたことを考えると、時代的にはホットなテーマとして取り上げたかったのかもしれない。

Deep View

＊1856年版

『自然と実験の哲学』の初版が発行されたのは１８３７年らしいが、エジソンが手にしたのは発売されたばかりの１８５６年版だと思われる。初版との比較はできなかったものの、情報が古くはないので改訂は加えられていたはずだ。

＊歴史的な偉業

それまでは天体観測によって判明した事実から物理法則を導く「天文学→物理学」の順だったが（ケプラーの法則など）、この発見では物理法則から未知の天体の位置を予測し、首尾よく見つけているという偉業を成し遂げた。つまり、天文学も物理学の一部としてとらえられることを証明したのだから、物理学の教科書という体裁を取るこの本に天文学が含まれていたとしてもおかしくはない。

■自然現象だった静電気を役に立つ電力に

『自然と実験の哲学』の各章はどんな内容になっているのだろうか？　ここでは「電気（Electricity）」の章を例に解説していきたい。

この章はこんな文章で始まる。

電気とは何か?

950　電気とは物質世界に広がる重さのない作用力であり、見ることができるのはそれによる効果だけである。

What is Electricity?

950. Electricity is the name given to an imponderable agent which pervades the material world, and which is visible only in its effect.

英語力にはまったく自信がないので、併せて原文も掲載しておく。筆者による訳が怪しいと思った人は、そちらを読んでほしい。

また、文頭にある数字は章立てに関係なくすべての項目につけられた通し番号で、450

276 NATURAL PHILOSOPHY.

on account of the repulsion of the fluid in the jar.

Fig. 153.

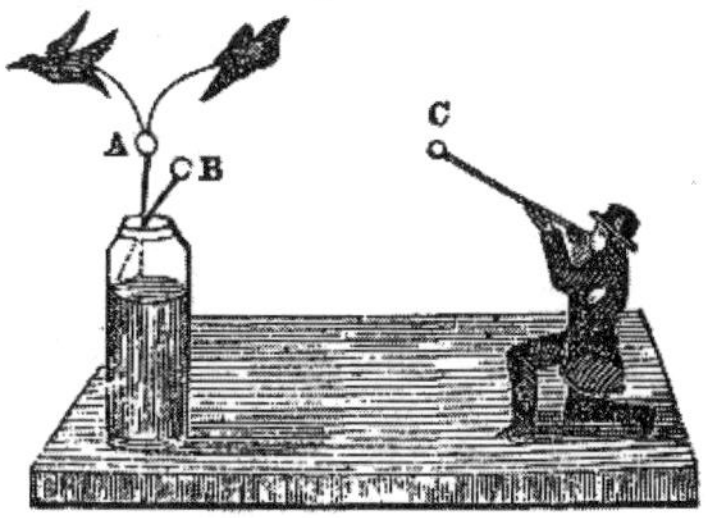

1018. If the jar be then placed on the tin-foil of the stand, and the smaller ball placed within a half inch of the end of the gun, a discharge will be produced, and the birds will fall.

Explain Fig. 154.

1019. If images, made of pith, or small pieces of paper, are placed under the insulated stool, and a connection be made between the prime conductor and the top of the stool, the images will be alternately attracted and repelled; or, in other words, they will first rise to the electrified top of the stool, and thus becoming themselves electrified, will be repelled, and fall to the ground, the floor, or the table; where, parting with their electricity, they will again be attracted by the stool, thus rising and falling with considerable rapidity. In order to conduct this experiment successfully, the images, &c., must be placed within a short distance of the bottom of the stool.

Fig. 154.

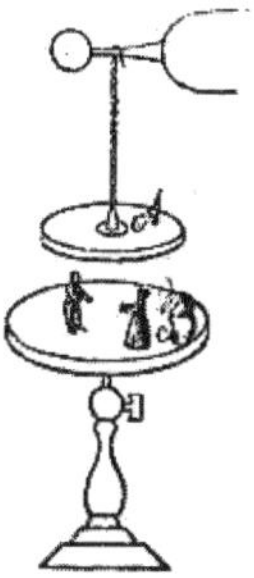

1020. On the same principle light figures may be made to dance when placed between two discs, the lower one being placed upon a sliding stand with a screw to adjust the distance, and the upper one being suspended from the prime conductor, as in Fig. 154.

『自然と実験の哲学』で紹介されている静電気おもちゃ

ページ分ほどの本文の最後は１３８４で終わっているから、１ページあたり3項目以上の短い文章で構成されていることがわかる。

　電気の章はこのような観念的な説明で始まったあと、静電気に関する基礎解説が続く。たとえばどんな条件が揃うと発生し、周囲にどんな影響を及ぼすかといった話だ。静電気を連続的につくり出し、放電させる摩擦起電器（平賀源内が復元したエレキテルと同じ装置）も構造から紹介しており（２６７ページ１４５図）、このあたりは18世紀までにわかっていた電気の知識の総集編といった感じになる。

　それだけでは若い読者が飽きてしまうと考えたのか、著者は次に静電気を利用したおもちゃをいくつか紹介している。おそらくエジソンも自宅の実験室でつくってみたと思われ、ここから彼のモノづくりが始まったと考えるとなんとも感慨深いものだ。

　この章で著者が伝えようとしているのは、電気は静電気や雷のように自然現象として存在するものの、上手に利用することで人類の役に立つ装置がつくれるということだ。それはこんな項目にも表れている。

電気機械とは何か？　どのような原理によるものか？

９８６　電気機器とは電気を蓄えたり回収したりし、さらにそれを他の物質に移す目的でつくられた機械のことである。
What is an Electrical Machine, and on what principle is it constructed ?
986. The electrical machine is a machine constructed for the purpose of accumulating or collecting electricity, and transferring it to other substances.

これは広い意味で電源と電気回路の機能や目的を説明しており、電気の時代の到来を予告したものと言える。

そして次の章からは電気を利用する具体的な方法として「**電池の構造と使い方***」「電気と磁気の関係」「電磁気学から生まれる新たな装置」と解説が続き、この本を読むだけで電気工学の基本まで学べるようになっている。

Deep View

＊電池の構造と使い方
電池は弱い電源であるため、積層して電圧を上げていく方法がいくつもの図を使って解説してあり、かなり具体的な内容だ。

■電信の基礎からモールス符号まで教える

ここからは『自然と実験の哲学』の内容と、エジソンの発明がどう結びついているのか考察していきたい。

エジソンは生涯に**1084件**[*]の特許を取得しているが、最初の1割ほどは電信の改良か、その応用に関するものばかりである。出願した時期でいうと1869年から1876年の末までの約8年間がこれに当たる。その前に約6年間の電信技師経験があったので、エジソンの10代と20代は、ほぼ電信漬けの毎日だったことがわかる。

もちろん、そのきっかけをつくったのが『自然と実験の哲学』であることは間違いない。この本では当時の最先端テクノロジーである電信に関して1章分をあて、仕組みから通信方法、そして期待される応用技術についてまで、かなり詳しく解説している。

今の時代、電信のことをよく知らない読者も多いと思うので簡単に説明しておくと、電信とは送信機である電鍵《でんけん》（スイッチ）と受信機である電磁石を電気回路によって結んだ通信システムのことだ。電鍵を叩くと回路がオンになり、電流が流れて電磁石に磁力が発生する。そのとき、ばね仕掛けの鉄片を吸い付けるので「カチッ」という接触音がし、その音の長さ

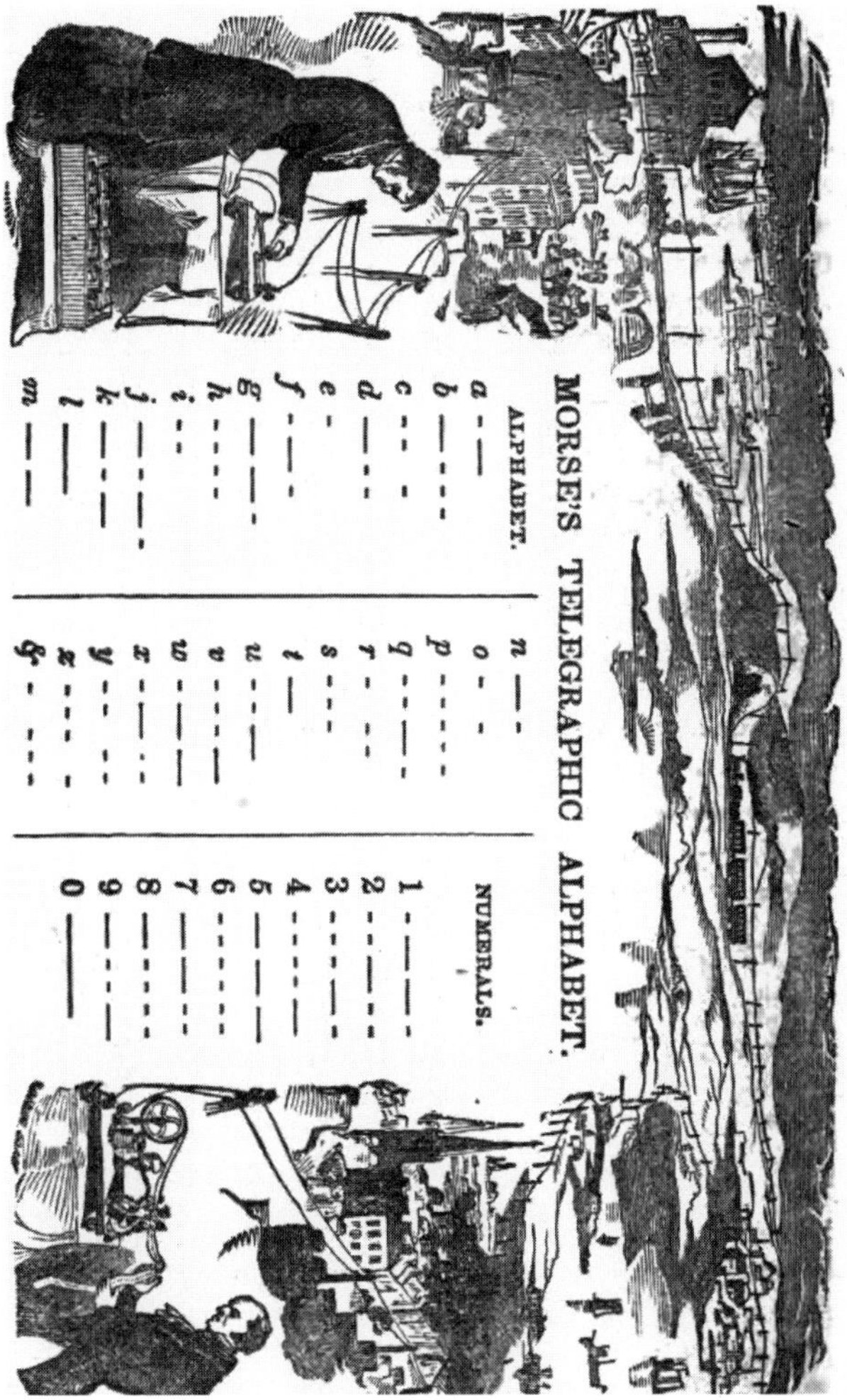

『自然と実験の哲学』の中のモールス符号表

（正確には音と音の間隔）によって文字情報などを伝えるのである。仕組みがシンプルなうえ、電気のオン／オフだけで信号を送るデジタル通信システムだったため、電源や電線が貧弱だった19世紀でも、すでに数百キロメートルレベルの通信が可能だった。

それまで人々が遠方と連絡を取るには、手紙などの現物を直接運んでもらうしかなく、早くて数日間、船を使えば数カ月かかるのが当たり前だった。しかし電信のネットワークがあればリアルタイムで情報を伝えられる。実際には電信所から先は「電報」などの形で人の手を煩わすのだが、それでも数時間以内に連絡できるのだから、当時の人にとっては未来社会が到来したような気分だっただろう。『自然と実験の哲学』で電信について詳しく知ることができたエジソンも大興奮だったようで、すぐに簡単な実験装置をつくり、試し始める。

『自然と実験の哲学』には通信に欠かせない**モールス符号***も掲載されていた。

電信によって文字情報を伝える方法は、当初、いくつかあったが、アメリカ人のサミュエル・モールスが１８３０年代に考案した符号が広く普及していったため、１８５１年にはそれをもとにした国際標準規格がつくられ、統一されている。それを受けてこの本の１８５６年版には、早くもモールス符号の一覧が「電信の未来」を予感させるようなイラストとともに紹介されており、おそらくエジソン少年も**夢中になって覚えた***ことだろう。

電信は『自然と実験の哲学』で紹介されているテーマの中でもっとも先端的であり、しかもエジソンがこの本を読んだころには、まだ発展途中にあった。技術的にも進歩の余地が多かったし、ネットワークが世界中に広がっていくことで大きなビジネスになる予感もする。このため彼は強く魅せられ、将来、電信技師になりたいと強く願うようになるのである。

そのころの電信技師は電信室で通信の実務に携わるだけでなく、装置の保守や改良、人によっては開発までしてしまう「機械と電気の総合エンジニア」といった位置づけだった。そこに憧れることでエジソンの進路は決まっていく。

そして実際に電信技師になり、その延長線上に発明家への道があったのだから、30歳前後までのエジソンの人生は『自然と実験の哲学』に導かれていたといっても過言ではない。それは、いくつかの発明品を見てもわかる。

Deep View

＊1084件

1093件としている資料もあるが、そのうち9件はDesign patents（意匠特許）という装飾的外観を保護する米国特有の制度によるもので、本書では加えなかった。

https://en.wikipedia.org/wiki/List_of_Edison_patents#First_hundred_patents

＊モールス符号

短点（・）と長点（—）という2種類の長さの音でアルファベットや数字を表す（後に日本語も）。短点と長点の長さは1：3で、その音の感じから短点をドット（日本語ではトン）、長点をダッシュ（日本語ではツー）と呼んだ。エジソンは電信が好きすぎるあまり、生まれた子にドットちゃん、ダッシュちゃんとあだ名をつけて、かわいがっていた。

＊夢中になって覚えた

ところが、『自然と実験の哲学』の内容を知らない人によって書かれた伝記では、その後、鉄道の売り子となって駅の電信室を初めて覗いたエジソンが、「こうやって文字を伝えるのか！」と驚くシーンが描かれてしまうことがある。そのほうがドラマチックだけどね。

■自動電信装置のヒントはこの本の中にあった！

発明家になってからのエジソンの初期の特許を見ていくと、電信技術の改良および応用として主に3つのテーマで新しい装置の開発を行っていたことがわかる。

◇自動受信機（記録・印字機）
◇自動送信機（自動受信機との組み合わせで自動通信機になる）
◇**多重通信システム***

自動受信機とは受信したデータを耳で電信技師が聞き取り、文字を手書きするのではなく、自動的に記録してくれる装置だ。電磁石に吸い付く鉄片の動きで流れてくる紙テープに穴を開けるものや、ペンを動かして記録する方式などがあった。

自動送信機はその逆で、穿孔テープなどを用いてスイッチのオン／オフを行い、自動的に送信する。

エジソンが熱心にこれらの研究をしていたことから彼の発案であるかのように決めつけている資料があるが、実際には電信の発明とほぼ同時に自動装置の開発も始まっている。理由は簡単で、機械にやってもらうほうが楽だからだ。

ところが19世紀前半は機械の技術が未熟だったので、実用的な自動送受信機は生まれなかった。たとえば紙テープ式であれば、テープをそれなりのスピードで動かす**メカニズム**[*]**がつくれなかった**のだ。

そうこうしているうちにモールス符号が一般化してくると、手打ち・聞き取り方式のほうがスピーディに送受信できることがわかってしまう。そのころの電信技師であれば1分間に24語程度（約120文字）は伝えられたそうだから、1秒に2文字以上記録できる機械でないと勝負にならない。

機械の開発能力に長けていたエジソンは、19世紀前半には不可能だった自動化を19世紀後半の技術によって実現していこうとしていた。その成果が初期の特許の大半を占めているのである。

その一例を示そう。

1869年11月、エジソンの3件目の特許となった自動受信機（電信記録機 Printing-Telegraph Apparatus／US96567A）の明細書にはこんな図が添えられている。受信機の動きを利用して紙テープに記録する方式のようだが、歯車や梃子《てこ》によるリンク機構などを使いながらテープに伝わる力を安定させようとしていることがわかる。

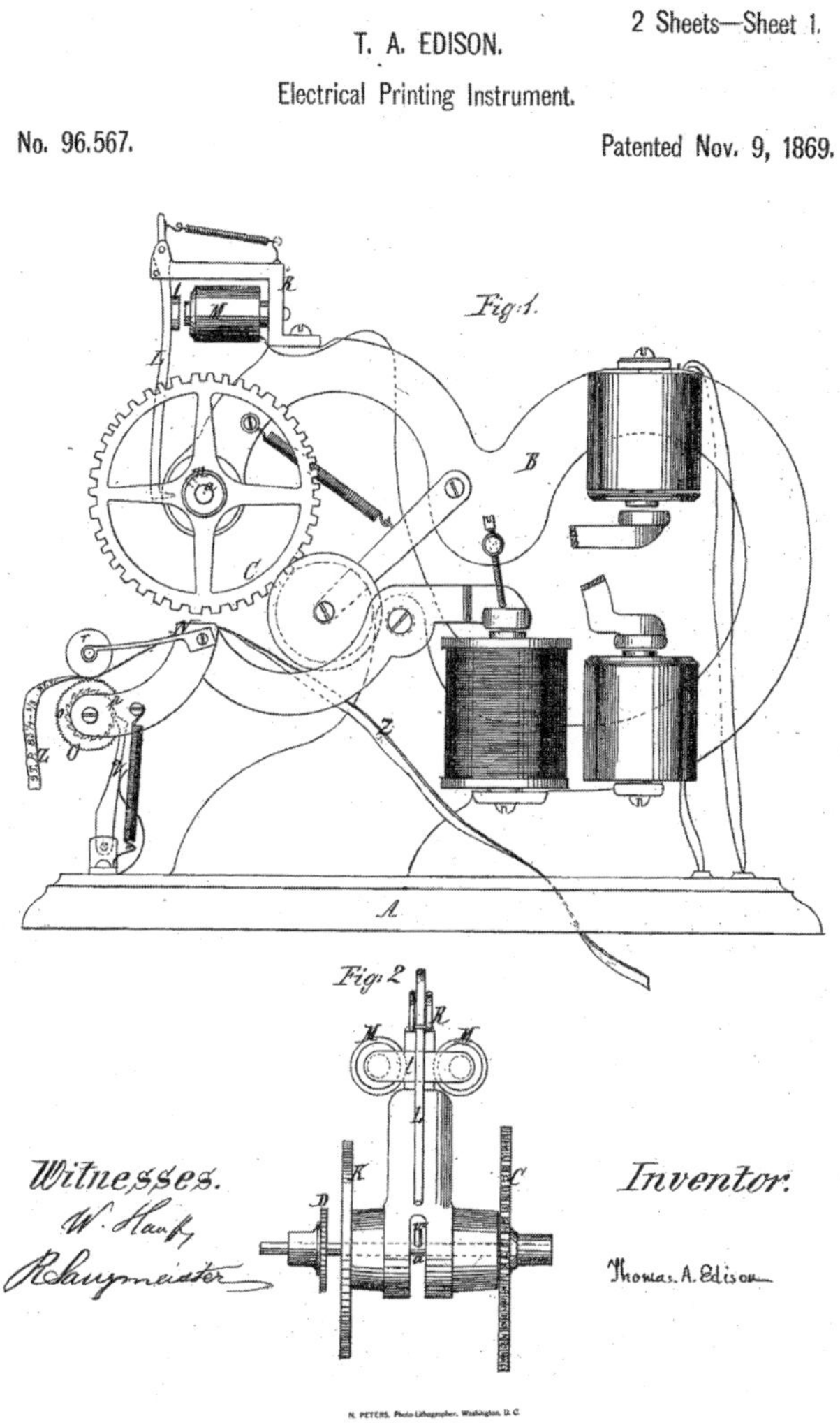

エジソンの発明した電信自動受信機の一例

Fig 174

Fig. 176.

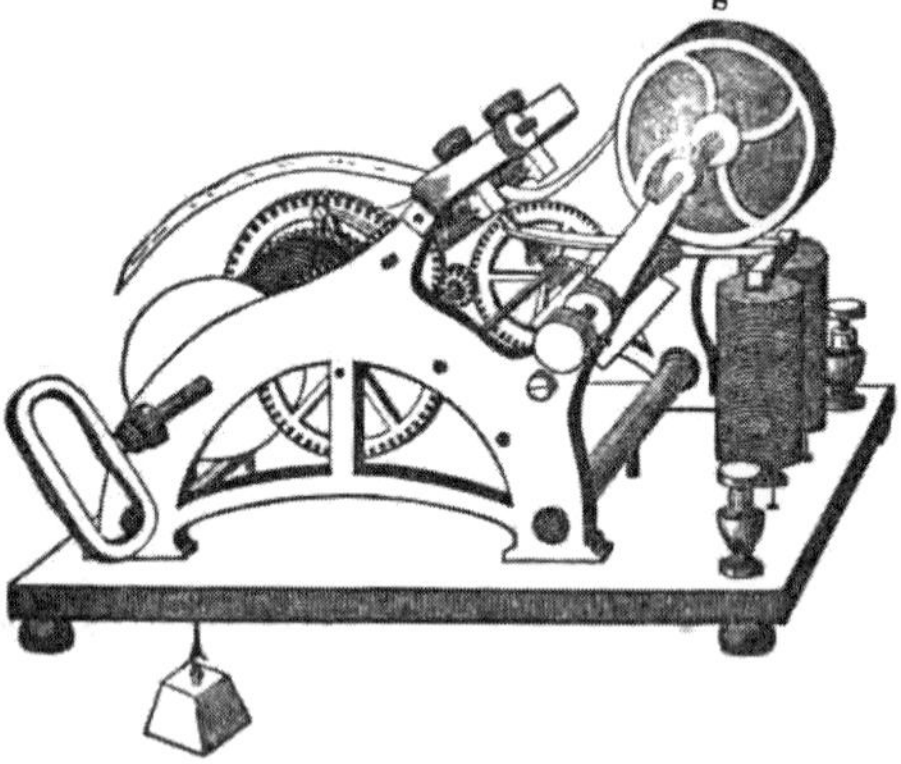

Fig. 180.

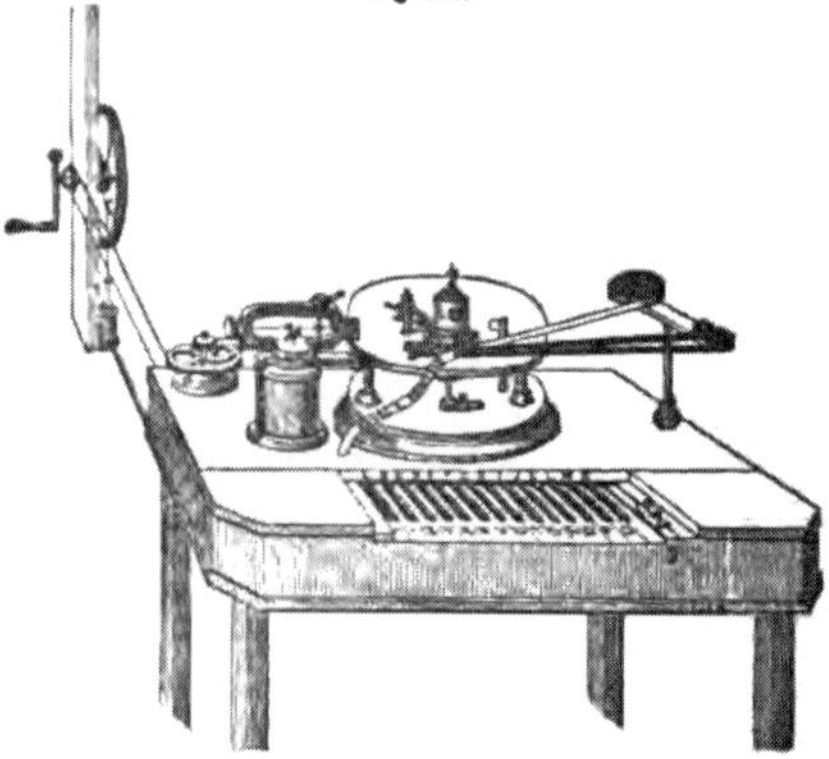

『自然と実験の哲学』に紹介された自動受信のアイデア

自動受信機の開発はこのころのメインテーマだったようで、その後も手を変え品を変え、次々と特許を申請していく。ざっと数えただけでも、30件近くは成立しているはずだ。しかも、文字でプリントするものまであり、この分野で彼は発明家としての自信をつけたように感じる。

発明家としてのスタートを支えた電信自動受信機だが、『自然と実験の哲学』にもそのアイデアは紹介されていた。ひとつは紙テープに穿孔して記録していくもので（３２２ページ１７４図）。ただしテープを送るメカニズムは描かれていなく、手で引っ張っている。本の執筆時には実用化されていないのだ、「こういう方法で自動的に記録することができる」というアイデアを示しただけのようだ。

エジソンもこの図を見ていたはずなので、「足りない部分を自分で補えれば画期的な発明になる」と気づいたに違いない。それから十余年が経ち、本当に開発を進めているのだから、この本の影響が相当に強いことがわかる。

『自然と実験の哲学』では他にも錘を使って紙テープを送るメカニズムや（325ページ176図）、仕組みまでは詳しくわからないものの文字で記録する自動受信機のアイデアまで掲載している。さらには、ピアノの鍵盤のような入力装置をもつ最新型電信機の例も紹介しており（328ページ180図）、エジソンもこれらを眺めながら想像を巡らせたのだろう。

Deep View

＊多重通信システム

1組の回線で同時に複数の通信を行う技術で、電信会社にとっては新たな回線を敷かずに売上だけを増やせるから大いに歓迎された。このためエジソンは四重電信機まで発明しており、それによって得た収入で彼は組織を拡大していくことができた。

＊メカニズムがつくれなかった

たとえば紙テープを高速で安定的に送るには、搬送用のローラーなどの回転数を正確に制御しなければならない。今ならコンピュータで簡単にできるが、機械だけで実現するのはけっこう大変だ。

■最初の特許「電気投票記録機」も電信技術の応用

エジソンが最初に特許を取得した電気投票記録機については、どの伝記でも紹介している。発明のきっかけは電信技師をしていたときの経験で、議会の議決に関するニュースがいつも遅れがちになることに疑問をもち、「賛成か反対への投票結果を電気式の機械で表示できるようにすれば議事進行が早まるはずだ！」と思いついたような内容になっている。しかし、このあたりのストーリーもちょっと怪しい。

電気投票記録機も電信技術の応用だ。議会の各議員の席に賛成か反対かを選ぶボタン（要するに簡易な電鍵）をつけ、それを押すと電線でつながった議長席の受信装置に結果が表示される。細かい工夫としては、ダイヤルでどちらに投票した議員が多いかすぐにわかるようにし、合計投票数はその下の窓に出るので賛否の判断がしやすくなっている。

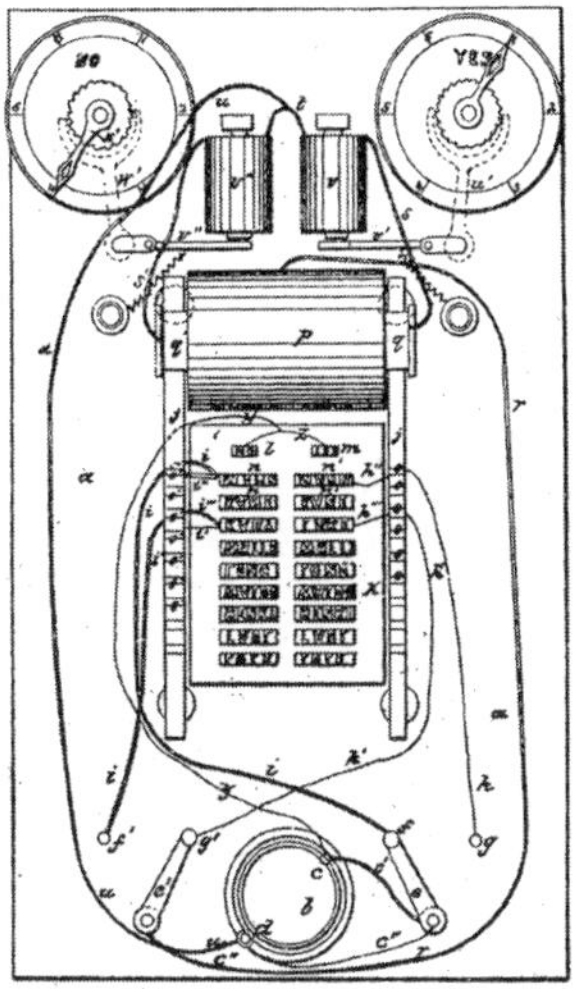

電気投票記録機（アメリカ特許90646号1869年6月公開）

この時代、このような「電信を応用した表示装置」は流行だったようで、多くの発明家が株式相場速報機や火災報知器といったものを開発していた。ちなみに火災報知器は『自然と実験の哲学』の電信の章の最後にも The Electrical Fire Alarm として紹介されており(830ページ項目1190)、電信技術の代表的な応用例だと説明されているから、エジソンもそこを読み、**自分の発想に活かした**[*]はずだ。

電信技師として働くこと6年近く、仕事内容は通信の実務だけでなく機械の取り扱いにまで及んでいたので、技術や知識は十分に身につけている。そこで、次のステップとして何ができるか自分なりにリサーチをしていたときに候補のひとつとして思いついたのが電気投票記録機だったのではないだろうか。つまりシーズからの発明であり、最初に議会の運営方法に疑問をもったからこの装置を思いついたわけではないと思う。

そのせいか、せっかくの発明は見事に失敗する。完成した装置を議会に持ち込んで職員の前でデモンストレーションをしたところ、技術的な評価は高かったものの、「こんな装置があると投票を遅らせて議事進行を延ばし、抵抗するといった戦略が使えなくなるので議員が反対するはずだ」という理由で採用されなかった。そこからエジソンは「いくら優れた発明でもニーズがないとだめだ」と知ることになるのである。

もっとも、たとえニーズがあったとしても、電気投票記録機が成功していたかどうかはわからない。今より人件費が安い時代、電源まで含めたらそこそこコストがかかる機械を、数日に1回しか行われない議決用に購入する必然性が感じられないからだ。それなら職員に投票用紙を集計させたほうが安いし、信頼性もある。

それに、議会でもっとも重要な票決作業にこのような新しい装置を導入する場合、新たな法律をつくらないといけないはずで、加えてトラブルが発生せず、不正も防止できるという保証を実施試験によって得なければならない。とにかく、いろいろ面倒臭そうな装置だったから、職員たちがいい顔をしなかったのも無理はない。

というわけで、この発明は「電信技術を応用し何か新しいビジネスに結びつけたい」と焦ったエジソンの勇み足であり、ちょっと奇をてらいすぎた感がある。

Deep View

＊自分の発想に活かした

実際、彼は1877年1月に「電信アラームおよび信号装置の改善（Improvement in telegraphic alarm and signal apparatus)」の特許を取得しているのだが（US186548A)、その明細書の中には「火事の場所を示すのにも有効」といった内容が書いてあるので、火災報知器の開発もずっと頭にあったのだろう。

■『自然と実験の哲学』こそがエジソンのバイブル

電気投票記録機の特許を取得した1869年から本格的に始まったエジソンの発明家人生は、1876年ごろまでが「電信およびその応用時代」と言える。その後は電話、蓄音機、白熱電球……と発明家としての黄金期に移る。電信を離れてからのエジソンの発明や開発に関しては、技術的に『自然と実験の哲学』にヒントを得たものはないものの、ところどころに影響が見られるのは確かだ。以下、そのいくつかをまとめておこう。

【白熱電球】

白熱電球に直接つながる情報は紹介されていないものの、『自然と実験の哲学』では光学の解説も行っているので、関連する物理現象として捉えることはできたはずだ。また、凹面鏡を使ってランプの光を強く感じさせるアイデアは掲載されており、電灯開発の基礎知識にはなっているものと思われる。

さらに本の中では、実用化途中の電磁式発電機を最後に紹介しており、これはエジソンの電球事業を支えた大型発電機による電力供給システムの発想につながった可能性がある。

Fig. 129.

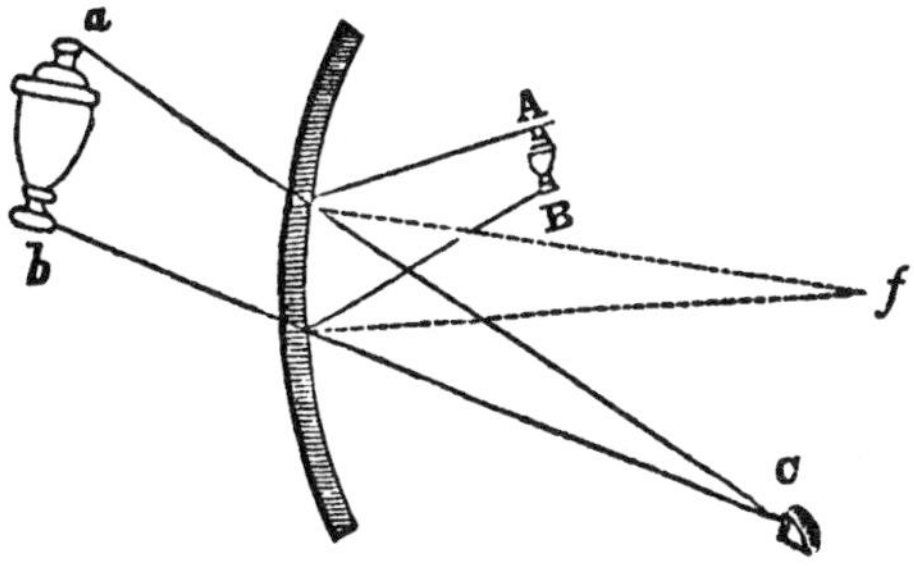

『自然と実験の哲学』に紹介された凹面鏡による光の効果

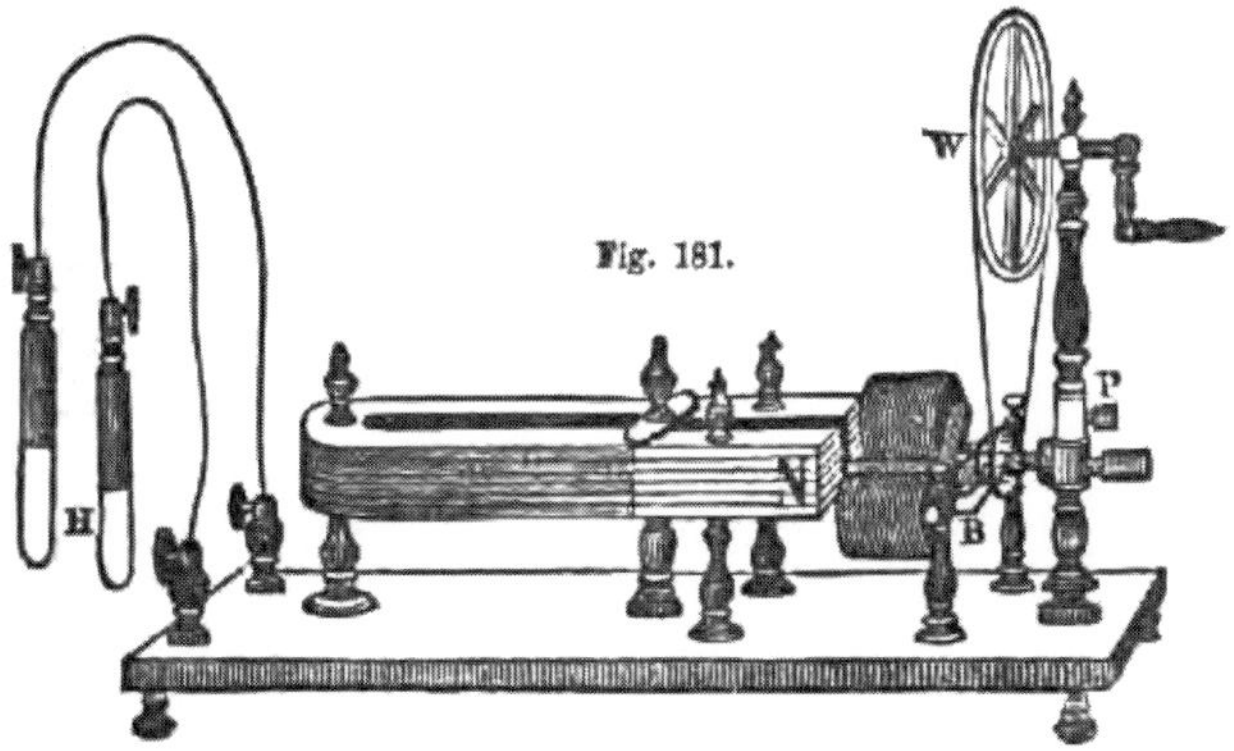

『自然と実験の哲学』に紹介された発電機

【蓄音機】

蓄音機の発想を得たのは電信の自動送信機からだったと言われている。紙に穴を開けるか凹凸を点けて針でトレースしながら信号を読み取り、送信する装置はエジソンだけでなく多くの発明家がつくっている。この装置を動かすと針が振動して音が出ることから、物理的な凹凸を利用すれば音を記録・再生ができると考えたことがヒントになったようだ。

【電気機関車と電気自動車】

『自然と実験の哲学』の前半では、運動、機械、流体、熱など18世紀までにわかっていた物理学の知識の応用が19世紀に発達した蒸気機関であることを説明している。後半では電気と磁気について解説しており、その先の応用例として電気機関車があることは容易に想像できる。またエジソンは蓄電池の改良にも熱心に取り組み、電気自動車を普及させようとしていた。電池の知識を最初に得たのは『自然と実験の哲学』だったから、やはり影響は大きい。

いろいろ調べていくと、エジソンの活動の多くは、この本で得た知識を出発点にしているように感じる。もちろん、そこから大きく発展させていったから発明家として大成功したのだが、原点は間違いなくここにある。したがって、エジソンについて研究しようとする人は、一度は『自然と実験の哲学』に目を通すべきだし、日本でももっと多くの人が読めるように翻訳本を出すような出版社は現れないかなあ。

第2章

エジソンのエピソードは疑ってかかれ！

話をもう一度、エジソンの少年時代に戻そう。

小学校を退学させられてから4年後の1859年、エジソンはポートヒューロンとデトロイトを結ぶグランドトランク鉄道で新聞の売り子として働き始める。その後も読書や実験といった学習は続けていくものの、授業はなくなったので、この段階で「ナンシー学校」は卒業したということだろう。

まだ12歳の少年が働きに出るのは、私たちの感覚ではわかりにくいかもしれない。しかし、今のような9年間以上の義務教育制度が広く普及するのは20世紀後半になってからで、それまでは先進国であっても4～6年の初等教育を受けただけで**就職***するのはよくあること**だった。しかも、急激に工業化が進んでいたそのころのアメリカでは工場勤めをする子供も多く、毎日12時間以上、週6日働かされていたそうだから、労働時間は現代のサラリーマンよりも長いほどだ。この点、エジソンは片道3時間程度の行程を一往復する間、売り子をしていればよかったからずっと楽だった。

そのころの彼の1日はこんな感じだ。毎朝7時にポートヒューロン駅を出発する列車に乗り込むと、車内を移動しながら新聞などを売り歩く。デトロイト駅に着いたところでいったん仕事は終わり、午後4時半発の列車（午後6時説もあり）で戻るときも同じ仕事をする。デトロイトはすでに大都会だったので、帰りの列車を待つまでの数時間をエジソンは楽しみにしていた。大きな公共図書館があったので、毎日そこに入り浸り、**ひたすら本を読む**[*]。そのころは書籍の価格も他の生活用品に比べて高かったので、本から多くのことを学んできた彼にとっては最高の教育環境だった。

グランドトランク鉄道はカナダに広いネットワークをもっていた鉄道会社で、アメリカ国内の路線はポートヒューロン－デトロイト間ぐらいしかなかった。しかも、この区間は開業したばかりだったため、急遽、新聞の売り子が必要になり、たまたま職を探していたエジソンが採用されたようだ。こんな幸運が、後の人生を大きく変えていくのだからおもしろい。

資料によると使われていた客車はヨーロッパのようなコンパートメント（個室）式ではなく、２人掛けのシートが並んだ**開放座席**[*]**（オープンコーチ）**だったという。しかもグランド

トランク鉄道の軌間（レール幅）は1676ミリメートル（5フィート6インチ）の**広軌***で、日本のJR在来線の1067ミリメートルと比べると1・5倍以上あるから、車内は相当ゆったりしていた。こんなことも、エジソンの人生に大きく影響してくる。

Deep View

＊就職するのはよくあること

パナソニックの創業者で経営の神様と言われた松下幸之助（1894年和歌山生まれ）も尋常小学校を4年で中退し、9歳で大阪の火鉢店に丁稚奉公に出されている。

＊ひたすら本を読む

「棚に並んでいた本をすべて読破した」と書く資料が多い一方、『電気の時代』は懐疑的で、「ひどく退屈な本を10冊くらい」しか読まなかったとの情報を紹介している。

＊開放座席（オープンコーチ）

階級社会を引きずっていたヨーロッパでは等級ごとに分けたコンパートメント式の鉄道が主流だったが、平等社会を目指して出発したアメリカの鉄道はほとんどこのスタイルだったので、ヨーロッパ人からはAmerican system passenger coaches（アメリカ式客車）と呼ばれ、めずらしがられていた。日本が同じスタイルなのはアメリカに倣ったからだと思われる。

＊広軌

アメリカの鉄道は、現在ではヨーロッパの主要国と同じ1435ミリメートルの標準軌だが、1886年に統一されるまではまちまちだった。

■商売上手で多角化に乗り出すエジソン少年

列車の中で働き始めたエジソンの立場は、鉄道会社の社員ではなく、営業許可をもらって自由に商売をする契約業者のようなものだった。したがって、新聞がメインであるものの、扱う商品に特に制限はなかったらしい。もしかすると、開業したばかりの区間だったので、あまり厳密なルールは決められていなかったのかもしれない。そんな「緩さ」を利用して、エジソンはかなり大胆に振る舞っていく。

売り子としてのエジソンはかなり優秀だったようで、軽妙に乗客に話しかけては売上を伸ばしていった。新聞記事の内容を気にする人にはさわりだけ教えたあと、「ここから先は買ってもらわなければわかりませんよ」と購買を勧める。鉄道に乗るのはそれなりに裕福な層だっ

たと思われるから、年端も行かぬ子供にこれをやられたら買わざるをえないだろう。

エジソンが列車内で働いていた１８５９〜６２年は、前述した通り奴隷問題が社会的な関心を集め、最後は南北戦争によって国家分裂の危機にまで突入する激動の時代だ。それだけに人々のニュースへの関心は高く、新聞は売りやすかった。ラジオもテレビもインターネットもなく、しかも日本のように新聞が宅配されることのないアメリカでは、駅や列車内で買う新聞こそが最新の情報を得る唯一の手段である。ちょっと煽るだけで飛ぶように売れたはずだ。

しかし、それだけで満足しないのがエジソンのすごいところである。乗客とのコミュニケーションを心がけていると、やがて「こんなものは売ってないの？」と声をかけられる。凡庸な売り子なら「新聞しかないんで」と話を終わらせてしまうかもしれないが、エジソンは違った。そこにビジネスチャンスを見出し、言われるままに商品を増やしていく。

記録に残っているところでは、雑誌や**書籍***以外にリンゴやイチジクなどの果物、キャンディやピーナッツなどの菓子、タバコ、ハガキ、ガイドブック、子供用の玩具なども扱っていたという。一部にはサンドイッチのような軽食まで扱っていたとの話もあるが、生鮮食品になると途端に扱いが面倒になるので、賢いエジソンがそこまで手を出したかどうかはよくわからない。

たくさんの商品を持ち歩き、コンビニエンスストアのような商売ができたのはグランドトランク鉄道の車内が広くゆったりしていたからだ。また、個室式ではなく開放座席だったからこそコミュニケーションを図りながら上客を増やしていける。エジソンはこの鉄道の特徴を最大限に活かしてビジネスを拡大していったわけで、多いときは1日に1ドル以上の利益があったという。１８５０年代の1ドルは今の30ドル（約3万円）以上になるそうだから、子供が行う商売としてはかなり儲かったほうだ。

ところが、いい気になって商品を増やしていくうちに問題が生じる。車内がいくら広くても一回に持ち運べる量には限りがあり、それ以上、商売を拡大できなくなってしまったのだ。そこでエジソンは車掌と交渉し、**車内の空いていたスペース**＊を倉庫代わりに使わせてもらう。そのころの鉄道は乗客だけでなくさまざまな荷物も同時に運んでいたが、この路線はあまり集荷に熱心ではなかったのか、荷物車にはかなり余裕があったという。そこに目をつけたエ

ジソンは、商品の置き場として使うだけでなく、やがて自分専用の事務所兼作業場のようにしていった。

エジソンの商売が成功したもうひとつの理由は、ポートヒューロン－デトロイト間の乗客数が順調に伸びていたからだ。そこで気を良くした鉄道会社は1日3便に増やした。するとエジソン一人では賄えなくなるので彼は助手を雇い、「支店」として同じ商品を売らせる。また沿線の農家から果物やバターなどを買って列車に積み込み、**デトロイトやポートヒューロン**＊で売っていたこともある。車内で販売する商品と一緒に運ぶので運送費がかからず、この商売もかなり儲かったという。

Deep View

＊書籍
ジョーク集や三文小説などの気軽に読めるものが中心で、仕入れたら真っ先にエジソンが読んでいたという。

＊車内の空いていたスペース
車両の最後部に貨物車があり、車掌室、郵便室、荷物室というように分けられていたらしい。エジソンはあまり使われていなかった荷物室に目をつけた。

＊デトロイトやポートヒューロン
デトロイトのほうは自分で駅に来る客などに商品を売っていたようだが、ポートヒューロンは昼間不在になるので友人2人に売店を出させていた。

■15歳にして車内新聞の編集長兼発行人に

列車の中に自分の居場所を確保したエジソンは、やがて、そのスペースを利用して新聞を発行しようと計画する。大胆な発想だが、専門書から三文小説まで幅広い本を読んでいて少年にしては知識があったことや、独自のニュースソースをもっていたことを考えると、思いつきは悪くない。

ニュースソースは大きく2つあった。ひとつは鉄道駅の多くに併設されていた電信室だ。そのころの鉄道は電信と表裏一体の関係にあった。運行に関する技術も低く、また頻繁に石炭と水を補充しないと走れない蒸気機関車では、決められたダイヤ通り正確に走らせるのは難しい。しかし、遅れるままにしていては乗客も納得しないので、駅を発車するたびにその時刻を他の駅に伝える必要があった。そこで多くの鉄道会社では線路伝いに電信線を敷き、通信ネットワークを構築していったのである。

そうなると、そのネットワークを利用して何か新しい商売ができないかと考えるのは当然で、そこに食いついたのが報道機関だった。それまでは馬などを使った伝達手段しかなかったため、遠い場所の出来事は何日か経ってからニュースにするしかなかったのだが、電信による配信が可能になれば速報性は一気に高まる。このため、今に続く大手の新聞社や通信社の多くは**このころ誕生している。***

その結果、鉄道駅の電信室は業務上の連絡基地としてだけでなくニュースを伝達する中継所の役目を果たし、常に最新の情報が集まる貴重な場所となった。電信に強い興味をもっていたエジソンは、車両交換などで長く停車するたびに顔を出し、電信技師の働きぶりを眺めていたらしい。このため顔なじみになっていた人も多く、新しいニュースを教えてもらうことができた。配信途中のニュースを外部の人間に漏らすとは情報管理が厳しい現在では考えられないが、そういう緩い時代だったということだ。

もうひとつのニュースソースは新聞社だった。新聞の売り子だったエジソンは仕入れのためデトロイトとポートヒューロンの新聞社に毎日、足を運んでいる。新聞社にとっては商品を売ってくれるありがたい人物なので丁重に扱うはずで、そうなるとエジソンのことだから、かなり大胆に社内をうろつき始めたに違いない。表に貼られた新聞の早刷りを読んだだけではわからない情報を直接、記者や編集者に聞くぐらいのことはしていたはずで、これも貴重なニュースソースになる。

新聞社から得たものは他にもあった。エジソンは自分の新聞を発行するために中古の印刷機を買っていたが、一面を構成するには活字が足りなかったようで、新聞社の印刷所で使わなくなった古い活字をもらっては補充していたという。

さまざまな準備を終え、エジソンが週刊新聞『グランドトランク・ウィークリー・ヘラルド』を創刊したのは１９６２年、彼が15歳のときのことだ。この新聞は今でもいくつか残っていて、画像はネット上でも簡単に探すことができる。見てみると非常にしっかりした内容であり、15歳の少年が執筆・編集したものとはとても思えない。しかもニュースに加えて沿線情報を並べていくスタイルは、この鉄道の乗客にとっては便利であり、なかには４００部売れた号もあったという。

しかし、ここからが**伝*記本ではあまり紹介されない話**だ。

いろいろ調べてみると、出だしは好調だったにもかかわらず、エジソンはこの新聞の発行を**す*ぐにやめてしまったら**しい（『電気の時代』では、活字を組むのが面倒になり、２号か3号しか続かなかったと書いている)。

確かに執筆・編集・印刷すべてを自分ひとりでやっていれば手間がかかりすぎ、数百部程度の販売部数では大した儲けにはならない。それよりも既存の新聞をたくさん売ったほうが得だ。そのことに気づく出来事があった。

1861年4月に始まった南北戦争は、翌年の4月7日に重大な局面を迎える。シャイローで行われた戦いにより6万人近い死者が出たのだ。ここで北軍が勝利したことにより、その後の戦況が大きく変わってくる。

エジソンが暮らしていたアメリカの北西部は直接、戦争の影響は受けなかったものの、それでも人々の関心は高く、大きなニュースがあるたびに新聞を買い求めた。前半戦の山場とも言えるシャイローの戦いは新聞売り子であるエジソンにとってビッグチャンスだ。そこで彼はこのニュースをいち早く知ると、電信技師に頼んで各駅に「大きな戦いがあった、詳しくは新聞で」という内容の貼り紙をしてもらったという。PR作戦は大成功に終わり、エジソンの儲けはその日だけで150ドルになったそうだ。

つまり「自分で新聞を発行したあとにシャイローの戦いがあり、大きなニュースを利用して既存の新聞を売ったほうが儲かると気づいたので面倒臭い新聞発行はやめた」という流れになるのだが、多くの伝記ではこの順番が逆になり、「シャイローの事件で新聞ビジネスの魅力を知ったので自分でも発行を始めた」というストーリーになっている。残念ながら、残っている『グランドトランク・ウィークリー・ヘラルド』の発行日を確かめると１９６２年２月になっているので、正しいのは前者だ。

Deep View

＊このころ誕生している

ＡＰ通信（１８４６年）、シカゴ・トリビューン（１８４７年）、ニューヨーク・タイムズ（１８５１年）、ボストン・グローブ（１８７２年）、ワシントン・ポスト（１８７７年）などがそうだ。

＊伝記本ではあまり紹介されない話

「列車内新聞というビジネスモデルを開発したエジソン」は若き発明王の姿として理想的に思えるのか、どの本でもこの部分を強調したがる。このため、「すぐにやめてしまった」では都合が悪いのか、新聞の発行時期や期間に関しては曖昧にされていることが多い。

＊すぐにやめてしまった

これにも異説はあり、『20世紀を発明した男』では『ヘラルド〜』の発行は１９６２年初めから半年間続き、その後も別の紙名でゴシップ紙を発行したと書いている。ただし、著者も残っている２号分の『ヘラルド〜』しか確認できていないので、確証はないようだ。

■真相追求！　貨物車の中で何が起きたのか

鉄道で売り子をしていたころのエピソードとして、多くの人が知っているのは次のような話だ。子供向けの伝記本にはたいてい載っている。

エジソンは列車内に実験室をつくり、暇なときにはそこで化学の実験をしていた。あるとき列車が激しく揺れ、こぼれた薬品が発火して火事を起こしてしまう。幸い、すぐに消火したので大事には至らなかったものの、怒った車掌はエジソンを激しく殴りつけ、実験道具だけでなく新聞の印刷機も一緒に車両の外に投げ捨てて「出て行け！」と叫んだ。このとき殴られたのが原因で鼓膜が損傷し、彼の耳は聞こえにくくなってしまった。

この話はビジュアルにしやすいのか、たいがいの本では大きめの挿絵が描かれているので記憶に残りやすい。しかし、いろいろ矛盾があるのも確かだ。

考えてもみてほしい、鉄道会社の社員でもない、ただの雇われ売り子の少年が、列車を全焼させてしまうかもしれない大事故を起こしたのである。しかも仕事とは関係なく、車内で勝手に始めた化学実験のせいだ。運行と安全に責任をもつ車掌の怒りはもっともであり、暴力までふるって放り出したとすれば、その場でクビにしたと考えるのが自然だろう。専門職でもない売り子の交代要員なんかいくらでもいるのだから。

ところが、どのエジソン伝を読んでみても、この事件によって売り子をやめることになったとは書かれていない。「それでも車掌さんはエジソンのことを許し、仕事を続けさせてくれたのです」と、いきなり優しくなってしまうのである。

子供相手に障害を与えるほど怒り狂った車掌が、数日後には、なぜ別人のようになったのか？　理由ははっきりしていて、ここでエジソンがクビになってしまうと、電信技師になるきっかけである「駅長から技術を教えてもらう」というエピソードにつながらなくなってしまうからだ。それでは物語が成り立たなくなるので、曖昧な表現でごまかすしかない。

もうひとつ、「列車が激しく揺れ、こぼれた薬品が発火」というあたりもよくわからない話だ。確かにそのころの鉄道は今と違って**激しく揺れた***。線路の状態も悪く、車体の下にある台車の性能も低かったので、時速30キロメートルぐらいしか出せなかったそうだ。それでも脱線事故は頻繁に起きていたし、運行中に暖房用の薪ストーブが倒れることすらあったという。

しかしそうだとしたら、余計におかしな話になってしまう。そんな大揺れの車内で危険な薬品を使い、**化学実験をする馬鹿がいるだろうか***？

こぼれただけで発火する薬品としては黄リンが考えられる。これは本当に危険な薬品なので空気に触れないように水の中に保管し、容器も密閉性の高いものにするのが常識だ。エジソンはそれまでも自宅の地下で実験を繰り返しており、薬品の扱いにも精通していたはずだから、そんなミスを犯すとは思えない（そもそも黄リンを使う化学実験はそんなにたくさんなく、列車内で行うほどの必然性が感じられない）。

しかも、『エジソンの生涯』によると、この車掌とエジソンはその後も交流があり、親しく手紙のやりとりを続けていたという。「耳が悪くなるほどの暴力」をふるわれた相手との関係にしては、かなり変であり、この点からも疑いは晴れないのである。

Deep View

＊激しく揺れた

全車両を一斉に減速させる自動エアブレーキが搭載されるようになったのは1870年代なので、このころは制動手という専業のスタッフが客車の屋根の上を走って、車両ごとの手動ブレーキのハンドルを回していた。当然、制動には時間差が生じ、これも大きな揺れにつながる。

＊化学実験をする馬鹿がいるだろうか

車内で実験をして火事……というエピソードは『20世紀を発明した男』でも一応、紹介しているが、5行ほどの短い説明であるうえ、「真偽のほどは定かではない」と補足している。『エジソンの生涯』では火事騒ぎは事実だとするものの、その後の文章では実験していたのはあくまでデトロイト駅に停車中の列車の中であり、待ち時間をつぶすために電池や電信などの簡単なテストをしていただけだと矛盾した内容を書いているので、著者の中でも解釈は揺れている。

■耳をつかんで持ち上げたら大変だ！

「実験中の火事騒ぎで車掌から殴られた」といった事件がなかったとすると、伝記の作者たちはエジソンの耳が悪くなった原因を他に探さなければならなくなる。そこで、よく登場するのがこんな話だ。

エジソンは鉄道の車内で売り子として働くだけでなく、停車中は駅のホームに降りて新聞を売っていた。あるとき、お客さんとのやりとりに夢中になっているうちに列車が走り出してしまう。慌てて追いかけ、最後部の手すりに届きそうになるのだが、あいにく両腕に商品をいっぱい抱えているので手を伸ばせない。それに気づいた車掌が耳をつかんで身体を持ち上げてくれたので無事に乗ることができた。しかし、そのとき、プツンと何かが切れる音がして鼓膜が破れ、耳が聞こえにくくなってしまった。

筆者が子供時代に読んだ伝記にもこの話が載っていたのだが、そのころから「なんか変だなあ」と違和感があった。いくらなんでもこんなことをしたら「耳なし芳一」のように耳たぶがちぎれてしまうか、ヘタすると首吊り状態になって死んでしまうだろう。ちなみに首を吊った状態が約7秒続くと意識を失い、回復したとしても重篤な脳障害が残る可能性がある。

本書を執筆するにあたり、知り合いの医学関係者何人かに「耳をつかんで身体を引き上げられる?」と聞いてみた。すると一様に「それは無理でしょう」と笑う。つまり、解剖学的にはおかしな話でありながら、子供の教育のために書かれた伝記本にこのエピソードが載り続けているのは、どうなんだろう。

本書が比較的信頼できる資料と考えている3冊では、これらの怪しい逸話が広く流布されていることに触れながらも、エジソンが難聴になった主な原因は学校に入る前の猩紅熱であるとはっきり書いている。以下、該当部分を紹介しておく。

●『エジソンの生涯』

（耳が聞こえなくなったことに関して）語り伝えられている話は間違いである。彼自身や、ほかの人々が述べているその症状から判断すると、その原因は幼年時代にかかった猩紅熱の余波で、時おり中耳を冒されたのを放っておいたためひどくなったようである。

●『20世紀を発明した男』

一家がポートヒューロンに移って間もなく、アルは猩紅熱にかかり、以後は風邪を引きやすくなり、慢性的な気管支炎に悩まされることになる。本人は次第に耳が聞こえにくくなっていくことに気づいていた。分泌液が中耳に回らなくなったことが原因だったのだろう。

●『電気の時代』

エジソンの難聴の真犯人は十中八九、車掌から手荒な目にあったことではない。おそらく慢性化した耳感染症と猩紅熱が聴力を失うことになった本当の原因だろう。

これほど明確に書いているにもかかわらず、今でも売り子時代の奇妙な「事件」が、さも史実であったかのように語り続けられているのは、なぜなのだろう？

■嘘くさいエピソードを広めた犯人は誰だ

エジソンの伝記において、彼の耳が悪かったことにしたがるのは、そのくらいのハンデがあったほうが偉人としての価値が上がると考えているからだと思う。

確かに彼の聴力は普通の人よりは低かったようで、話を聞くときに片方の耳を相手に近づけていたとの証言はある。それでも「ひどい難聴だった」とか「ほとんど聞こえなかった」という話は疑問だ。なぜなら、新聞の売り子をやめたあとは優秀な電信技師として各地を渡りながら仕事を続けていたからである。電信の受信は電磁石に引きつけられて接触する鉄片のカチッという音を聞き取って行うので、[*]**耳が良くなければ務まらない**。申し訳ないが、ひどい難聴の人が就ける仕事ではないのである。

こういった反論を予測しているのか、エジソン難聴説を主張する文章では、「人の声は聞こえにくかったが電信の機械音は聞こえたので、かえって周囲に惑わされず受信に没頭できた」とマイナスをプラスにもっていく逆転理論を展開する。しかし、これは、ちょっと虫がよすぎる。そのころの電信所には送受信機がたくさん並び、電信技師は自分の担当する機械の音だけを正確に聞き分けなければならなかった。人の話が聞き取れないレベルの聴力ではとても無理だろう。

もしひどい難聴だったら、蓄音機の発明もおかしな話になってしまう。最初のデモンストレーションのとき、エジソンは自ら「メリーさんの羊」を歌って録音したことは周囲の人の証言として記録に残っている。つまり、多少は不自由なところがあったとしても、耳はちゃんと聞こえていた。

それでは、なぜ「ひどい難聴」だったというエピソードが、これほどまで流布され続けているのか？　実は犯人は特定できている。それはエジソン自身だ。

彼はしばしば「**自分は耳が聞こえにくい***」といった話を周囲の人間にしており、しかもその原因を猩紅熱のせいだとは説明していない。発明会社の社長として投資家の信用を得なければいけない立場だったため、**病弱なイ***

メージは避けたかったのだろう。

となると、車掌の暴力の話も耳をつかんで引き上げた話も、エジソン本人が語ったと考えるのが自然だ。実際、残っている資料では「エジソンがそう語った」としているものも多く、他に出所は考えられない。

本人がそう言っているのであれば、こんな強い証拠はないのだから堂々と書いてしまえばいい。もしかすると伝記本の作者だって心からは信じていないのかもしれないが、明確に否定する材料がない限り、「おもしろそうな話」を優先するのは当然だろう。

困るのは、本書で基本資料にしているような、「できるだけ真実に近づこう」と考えている本だ。エジソン本人の証言は貴重な1次資料であるため無視できない。しかし、エピソードのいくつかは、どう考えても信用できない。そんな苦渋の様子を、『20世紀を発明した男』の著者はこう書いている。

トマス・エジソンの幼少時代を詳しく語ろうとするとき、どこまでが想像で、どこまでが事実なのか、線引きをするのが難しい。それというのも、幼少期の逸話に関して現在明らかになっている情報のほとんどが、エジソン本人の許可を受けて書かれたものだからである。

なんともご苦労様である。

それにしても、生存中に『ニューヨーク・タイムズ』から「もっとも偉大なアメリカ人」に選ばれたほどのエジソンが、なぜそんな嘘をついたのか。そこには、アメリカならではの理由があった。

今も昔も、アメリカという国では自分をアピールできなければなかなかチャンスを得ることができない。特に経営者や政治家として人の上に立とうとしたら、多少は嘘が混じっても大きいことを言い、力を誇示する。大統領選における候補者の言動を見ていればわかるように、おもしろく、印象に残るような発言をした者が勝ちなのだ。

エジソンの場合は研究所の経営に責任をもつ社長であるとともに、開発や事業化に必要な資金を集める広告塔の役目も負っていた。したがって、口にする言葉ひとつで状況は大きく

変わるのだから、宣伝戦略は重要だ。

しかも、そのころはマスメディアの状況も今とは異なっていた。前述したように大手の新聞社や通信社が次々と生まれ、ニュースを求めて走り回る。なかでも投資判断の参考になりそうな発明家の動向は読者の関心も高く、ぜひ押さえておきたい情報である。

1876年にメンロパーク研究所を設立してから矢継ぎ早に画期的な成果を上げていたエジソンは、そんな発明家たちの中でもトップスターだ。このため、ひっきりなしに記者が訪ねてきては、ネタをねだる。エジソン自身もマスメディアの利用価値をよくわかっていたので、期待に応えようとリップサービスを欠かさない。現在ほど報道における正確さが問われない時代だっただけに、多少のつくり話でも喜んで記事にしてくれたはずだ。

そうなったら、あとはもうエジソンの独壇場である。子供時代のエピソードなんか確かめようはないのだから、どんどん脚色していく。そうやってニュースバリューのある人物を演じることにより、投資家に信用され、会社を守ることになるのだから、経営者としても当然の判断だろう。

今なら「鉄道で売り子をしている時代に、火事を起こしそうになって車掌に殴られ、耳が悪くなった」などと聞けば、記者は鉄道会社に連絡して事実確認をするし、車掌本人を探し出してコメントを求めるかもしれない。しかし、メディアもまだスタートしたばかりの段階だったのでそこまでせず、エジソンの話を裏も取らずに報道してしまう。彼は頭のいい人だったから、そんな状況を最大限に利用しただけなのである。

Deep View

＊耳が良くなければ務まらない

一応、筆者も「エジソンがひどい難聴でも電信技師になれる方法はないか？」と想像を巡らせてみた。そこで「受信機を電磁石式のものから電灯式のものに換え、光の点滅によってトン・ツーを区別すれば可能だ！」とひらめいた直後、電球を発明したのがその後のエジソン本人であったことに気づく。えーと、だから20年後のエジソンがタイムマシンに乗ってやってきて……。

＊自分は耳が聞こえにくい

エジソン本人がこう強調する理由は、「ハンデがあっても努力で克服できる人」という印象を与えて世間の信頼を得ようと思った以外にも、他人の面倒な話に「聞こえないふり」をしやすくするためではないかと筆者は考えている。実は、優秀な経営者で耳が遠いふりをする人はけっこういるものだ。

＊病弱なイメージは避けたかった

自分の耳は先天的に不自由だったと認めるよりも、権威主義的でよそよそしい大人たちから迫害されながらも、がんばり通した勇気ある少年というう、もっともらしいイメージをつくり上げたほうが聞こえがよい。真偽のほどはわからないが、アルの機知は際限がなかったことだけは確かである。（『20世紀を発明した男』）

■マウントクレメンス駅で何があったのか?

エピソードが派手に喧伝されたケースとして、もうひとつ、マウントクレメンス駅で起きた「事件」についても触れておきたい。

エジソンが売り子として乗り込んでいた列車は、途中のマウントクレメンス駅で毎日30分間ほど停車した。大きな駅だったので車両の付け替えなどを行っていたようだが、そんな風景をエジソンは列車の外に降りて眺めていたという。ここにも電信室があったので覗きに行ったり、駅長のマッケンジー氏は電信技師出身だったので、電信の技術を学ぶにはどうしたらいいか日頃から相談していたらしい。

1862年のある日、駅長の2歳半になる息子が線路の上にいた。だが、遊びに夢中で動く気配がない。そこに連結用の貨車が入ってくる。まさに危機一髪という状況のとき、いち早く気づいたエジソンが飛び出し、子供を抱きかかえて線路の外に運んだ。息子を助けてもらった駅長は感激し、お礼に「君が習いたかった電信技術を教えよう」と申し出たという。

このエピソードを初めて知ったときも、なんとも言えない違和感を抱いた。まず、スポーツ選手のような俊敏な動きがエジソンらしくない。彼について書かれたどんな資料を見ても、似たようなアクションシーンはなく、ここだけ完全に浮いているからだ。

また駅構内の業務を知り尽くしている駅長の子供が、線路の上で平然と遊んでいたというのもおかしいし、それまで「君は電信技師になるには、まだ若すぎる」と慎重なアドバイスを続けていた駅長が「お礼として私が君の電信の先生になろう」と態度を一変させる展開にも無理がある（その気があったのなら、もっと早く教えていてもよかったはずだ）。

マウントクレメンス駅の事件に関しては、『電気の時代』の解説が比較的納得しやすい。それによると「脱線した」貨車に轢かれそうになった駅長の息子を救った事実はあったものの、その献身的な行動に駅長がすぐに応えたのではなく、エジソンが電信の技術を学ばせてもらえるのは「事件」のあった翌年のことだという。つまり、息子の救出劇が直接的な理由ではなく、ずっと感じていたエジソンの「電信を学びたい」という熱意と、長いつき合いを通して醸成された彼への信頼感などが重なり、駅長も重い腰を上げたといったところだろう。つまり、それほどドラマチックな話ではなさそうだ。

1963年になり、**良きタイミング***のところでマッケンジー駅長はエジソンを自宅に呼び、直接、電信技術を教えるようになる。通信の実務だけでなく、電信に必要な電気や機械の知識も学ばなければ一人前の技師にはなれないため、授業は週に4日、泊まり込みで行われたという。当然、売り子の仕事はできなくなってしまうので実務は仲間に任せ、経営者として事業だけは続けていたようだ。

エジソンは頭のいい少年だったし、『自然と実験の哲学』で電信については十分すぎるほど予習してきたから、駅長による講義は5カ月ほどで終わる。若くても電信技師としての技術や知識をもっていれば就職先はたくさんあり、彼は鉄道会社ではなく、公共の電信サービスを行っていたポートヒューロンの書店に勤めることになった。月給は30ドル。今の金銭価値にして90万円近くになるはずで、かなりの高給取りだ。

そして電信という最先端技術のスペシャリストになることで、次の時代が見えるようになってくる。そういう意味で、マウントクレメンス駅の事件はエジソンの人生を決定づける重大イベントだったのだが、ただ、それは一瞬の出来事ではなく、数年間かけて「電信を学びたい」と伝え続けてきたエジソンの努力の結果だったのである。

Deep View

＊良きタイミング

電信技師になるための教育を請け負うということは、鉄道会社にとって貴重な売り子（というか車内販売事業のリーダー）を失う結果になるのだから、駅長としてベストなタイミングを探していたはずだ。

第3章

発明家としてのエジソン、実業家としてのエジソン

ウィキペディアでトーマス・エジソンの項目を調べると、最初に「アメリカ合衆国の発明家、起業家」と書いてある。発明家は新しいモノや技術を創造する人、起業家は新しい事業を創出する人なので、どちらもクリエイティブなイメージが強く、日本人の抱くエジソン像に合致している。ところが英語版では少し異なり、同じ箇所は「inventor（発明家）and businessman（この場合は実業家）」となっている。entrepreneur（起業家）という言葉は使っていないので、**母国アメリカでは**起業だけに留まらず広く事業を展開する実業家だと考えられているようだ。

このような日米間の捉え方の差は、やはり**「現場」との距離が影響**しているのだと思う。発明のニュースは特ダネなので遠くまで伝わりやすいが、日常的なビジネスのニュースは近場でしか利用されないからだ。エジソンの発明によって世の中が大きく変わっていく様を目の当たりにしたアメリカ人たち（およびその子孫）と、遠い異国の話として伝聞で知った日本人との間では情報量が大きく異なり、そこから生まれるイメージも変わってくる。

したがって、私たちがエジソンについてもう少し深く理解したいと考えるなら、近距離にいないと気づきにくい彼の実業家としての部分にもっと注目するべきである。そういう観点から、この章では代表的な発明品である電球と電話に絞り、彼がどうやってビジネスに結びつけていったのか説明していくつもりだ。

Deep View

＊母国アメリカでは

気になったので他の言語でも調べてみたところ、それぞれ微妙に表現が異なり、そこには国民性も表れているようでおもしろい（特に中国語版の振り幅）。

◇フランス語版：inventeur, un scientifique（発明家、科学者）
◇ドイツ語版：Erfinder und Unternehmer（発明家、起業家）
◇スペイン語版：un empresario y un prolifico inventor（実業家、多作の発明家）
◇中国語版：科學家、發明家、商人（科学者、発明家、商売人）

＊「現場」との距離が影響

エジソンが亡くなった日、アメリカではいくつかの都市で一斉に電灯を消し、偉大な発明家の功績に改めて感謝するイベントが行われた。もちろん、日本ではそこまで能動的な動きはなかった。

■エジソンは電球だけでなく電気照明システムの完成を目指した

日本人のエジソンに関する誤解の中でもやっかいなのが、「電気で照明ができることを最初に考えついたのがエジソン」という思い込みだ。これは電灯の歴史を正しく知らないことからくる勘違いである。

電気による照明は、エジソンが生まれる40年近く前にはすでにあった。2本の炭素棒の間で放電を起こして光らせるアーク灯は1808年には発明されている。その後、外灯（街路灯）などの用途で広く普及し、ガス灯とのあいだでシェアを競い合っていた。

アーク灯はかなり明るいものの、問題は光の質にある。イメージとしては金属溶接のときの発光に近く、**照度***が安定しない**のだ。これでは室内照明には向かない。

そこで、アーク灯に代わるものとしてフィラメント式白熱電球の開発も併行して進められていた。寿命の短いものであれば1820年にはすでに試作されている。それにもかかわらず、エジソンが手を着け始める1877年ごろまで完成していなかったのは、主に2つの問題が残っていたからだ。

ひとつは強く発光したまま長持ちするフィラメント材料の開発であり、もうひとつは寿命を延ばすための高真空化技術の確立である。プロローグにも書いたように、「真空度の高い

空間で電気抵抗の大きい導線に電気を流せば、長時間明るく光らせることができる」ことはわかっていながら、発明家たちは半世紀近く足踏みを続けていたのである。

エジソン以外でゴールにもっとも近づいたのはイギリスの科学者**ジョゼフ・スワン**[*]だった。19歳年上の彼は早くから白熱電球の発明に取り組み、１８４８年（エジソンが生まれた翌年）には炭素フィラメントが有望だと気づいている。そのころは白金（プラチナ）などの金属フィラメントのほうが主流だっただけに、最終的にエジソンも炭素フィラメントを選んで成功したことを考えると、技術センスは悪くはなかったようだ。

何度かの実験の結果、「この方法なら間違いなく完成させられる」と確信をもったスワンは、1860年にイギリスで炭素フィラメント式白熱電球の特許を取得する。しかし、まだ真空は不完全だったので寿命は短く、実用化には至っていない。

その後も改良を続けて1878年12月には約40時間点灯させるのに成功し、これはエジソンより早かったことから「白熱電球の発明者は公式にはスワンだ」とする資料も多いのだが、それは違うと思う。なぜなら、スワンの電球はフィラメントの電気抵抗が低すぎてエネルギー効率が悪く、残念ながら「世の中を明るくする画期的な大発明」にはなり得なかったからだ。また40時間程度の寿命では、まだ話にならない。

スワンが必死になって電球を完成させようとしていたころ、エジソンは何をしていたのかというと、次ページの表を見てほしい。

自前の研究所を構えたことで仕事の効率は一気に上がり、わずかの間に大きなプロジェクトを次々と成功させていた。特に実用的な電話と世界初の音声記録再生装置である**蓄音機***の**発明は大ニュースとなり**、一躍、時の人となる。メディアは「メンロパークの魔術師」と持ち上げ、次の発明に期待がかかっていた。

そのとき、食い下がる新聞記者に「次は電球を発明する」と発言したのは事実のようだ。もちろんそれは電気式の照明を思いついたという意味ではなく、なかなか決着がつかない電球開発レースへの参戦表明であり、「私が本気で取り組んだらすぐに実用的な電球が完成す

1876年（29歳）	メンロパーク研究所を設立
1877年（30歳）	電話（送話機）を完成させる。蓄音機を発明する
1878年（31歳）	最初の電球の特許を申請する。エジソン電灯会社を設立
1879年（32歳）	炭素フィラメントの白熱電球を発明

30歳ころのエジソンの動向

るのだから、もう他の人はあきらめたほうがいい」という勝利予告でもあった。要するにブラフをかまして、余計なライバルを排除しようとしたのだろう。そうして投資家の注目を自分だけに集めたい。このあたりは完全に実業家の発想だ。

ここからエジソンが取った行動は、多くの人が彼に対して思い描く「孤高の発明家」のイメージとはまったく異なる。

まず、八方手を尽くして強力な真空ポンプを買い集めた。他の発明家たちもポンプぐらいはもっていたものの、財力のあるエジソンには勝てなかったはずで、すでにこの段階で大きなアドバンテージを手に入れている。白熱電球においては内部に残留する空気が少ないほどフィラメントが酸化せず、長持ちするからだ。

しかもそれだけでは満足せず、エジソンは研究所の機械技術者たちにポンプの改良を行わせ、性能を高めた。その結果、当時の真空度の限界が10万分の1、つまり0・00001程度の空気は残ってしまったのに対し、1ケタ高い100万分の1の真空度をつくることに成功している。

フィラメントの開発もやり方は同じだ。鉄、金、白金、イリジウムなどの金属から、ホウ素などの半金属、炭素などの非金属材料まで幅広く集めてくる。なかにはレアメタルや貴金属として非常に高価なものもあったのだが、成功を確信していた彼は惜しげもなく資金を投入した。

ところが、そんなエジソンをしてもフィラメントの開発は簡単には成功しなかった。実験に手間がかかりすぎたからだ。

合金なども含めると、彼が集めた材料は1000種類近くに及んだという。フィラメントは長さや太さ、形状などによって電気抵抗や発光性能が変わるから、それぞれの材料で5つずつ試作したらサンプル数は合計で5000種類になる。エジソンが始めた総当たり戦では、これらをひとつずつガラス球に詰め、内部を真空にしてから通電して発光状態や寿命を調べる。そして得られたデータからどんなフィラメントがいいか考察していくのだが、**研究所のスタッフ***が大勢いたとはいえ、数千回もの実験をするのは大変だ。

もっとも、エジソンにここまでやられてしまったら、金も組織力もない他の発明家たちは宝くじに当たるようなマグレでも起きない限り、もう勝つことはできない。

エジソンの物量作戦は電源にも及んだ。そして、そのことが彼の勝利を決定づけたと言われている。

ダイナモと呼ばれる高出力の直流発電機が実用化されていくのは１８６０年代以降で、この時代はまだ高嶺の花だった。市中の発明家が簡単に手に入れられるようなものではない。したがって、彼らは出力の弱い電池を電源にし、そうなるとあまり電気抵抗の高いフィラメントは使えないから必然的に金属材料を選ぶしかなかった。

フィラメントの電気抵抗が低いと発光効率は悪くなるが、多くの発明家たちはそのことはあまり気にしていなかったようだ。それより、少しでも長持ちする電球をつくり、特許を取ってしまえばそこから先の展開が見えてくる。自分の手で事業化できなくても、権利を売ることで利益につながればいい。発明家のビジネスモデルとは本来そういうものだ。

一方、エジソンは最初から電球だけでなく、町中を照らせるような**電灯システムの事業化***を考えており、電源は大型の発電機しかありえなかった。そして共用の電源である以上、電球で使用する電力は少ないほど供給先を増やせるから、高抵抗のフィラメントは絶対に必要だ。そんな考え方で、材料は炭素に絞られていく。

茨の道ではあったものの、試作した電球は少しずつ寿命を伸ばしていき、1879年10月22日には目標としていた40時間を超えて45時間光り続けた。製品と同時に製法も開発していたため、すぐに同じ性能の電球を量産することができ、12月には公開実験を行って実用的な電球であることを大々的にアピールする。それらが功を奏し、翌年1月には念願の特許が発効されたのである。

後日、それを知ったスワンがエジソンの発明は無効だと訴訟を起こすものの、**最終的には資金不足もあって**自分の権利をエジソンの会社に売ってしまい、**法的にもエジソンが「発明者」***になった。残念ながら、スワンには電灯を事業として成功させるだけの力量がなかったということだろう。

最後に、エジソンの電球に関する余談をひとつ紹介しておきたい。

45時間連続点灯を実現した炭素フィラメントの原料は木綿糸だったのだが、直後に竹を使うことでさらに寿命を伸ばせるとわかったことから、エジソンは20人の調査員を世界中に派遺して竹材を集めさせた。その結果、もっとも優秀だったのは日本の京都にある石清水八幡宮の境内に生えていた真竹で、連続点灯は１２００時間以上に及んだという。現代のタングステンフィラメントの電球ですら１０００〜２０００時間しかもたないから、この記録がどれだけすごいものかわかるだろう。

そんなことから、日本で出版されるエジソンの伝記では「電球発明の陰に日本の竹あり」と強調したがるのだが、個人的にはそれが嫌だった。なぜなら、たまたま京都にいい竹が生えていただけの話であり、知力と体力を駆使した発明王の活躍ぶりとは釣り合いが取れないと思ったからだ。

ところが、詳しく調べてみるとそうでもないことがわかってきた。

炭素フィラメントとは要するに炭なので、原料となる植物繊維の密度が高く、均質であるほどいい。この点、竹は有利であるものの、自然に育ったものではどうしても乱れが生じるため品質が安定しない。これは東南アジアの竹林を見ればわかることで、きれいに生えそろっていることは少なく、たいていは傾いたり曲がったりと荒れ放題だ。

しかし日本では、庭づくりの職人などが竹林の世話を欠かさないことで、優良な竹材を多く産出してきた。扇子や籠など繊細な竹細工は、これら専門家たちの努力によって支えられている。そして、日本の職人たちの仕事の成果が電球の長寿命化につながったのだから、私たちはもっと誇りに思っていいのである。めでたし、めでたし。

Deep View

＊照度が安定しない

アーク灯には他にも「高い電圧を出すため大量の電池が必要」「放電のたびに炭素棒がどんどん短くなるため、電極の間隔を一定に保つための人手または装置が必要」など、いろいろ手間のかかる照明装置だったことから、ガス灯を完全に駆逐できなかった。

＊ジョセフ・スワン

スワンの業績についてエジソンはあまりよく知らなかったと言われている。イギリスで地味に活動していた発明家の情報が大西洋を越えることはなかったのだろう。もし知っていれば「勝ち目がない」と考えて、エジソンは電球に手を出さなかったかもしれない。そうなったら歴史は大きく変わっていたはずで、やはり発明家にはPR能力も大切だ。

＊蓄音機の発明は大ニュースとなり

発明後、半年以上にわたり実演のデモンストレーションを各地で行わなければならなかったほどで、それによりエジソン本人はかなり疲れ、電球の発明になかなか専念できなかった。

＊研究所のスタッフ

最終的に電球開発チームは25人となった。その中にはアメリカやドイツの名門大学を卒業した応用物理学の専門家などもいて、それだけを考えても市中の発明家が対抗できる相手ではないことがわかる。

＊電灯システムの事業化

エジソンは電球の開発に本格的に取り組む直前、たまたま見学に訪れた鉱山施設でアーク灯と水力発電の組み合わせによる電灯システムを目にした。そこで「アーク灯を白熱電球に換えればもっと有用なものになる」と確信し、全力を注いだようだ。

＊最終的には資金不足もあって

ここにもいろいろな事情が絡んでくるのだが、本書のテーマとは少し離れることもあり、あえて割愛した。気になる人は本書で参考にした資料などを読んでほしい。

＊法的にもエジソンが「発明者」

白熱電球の誕生物語におけるエジソンの功績は、厳密には発明ではなく改良である。そのせいか、英語版ウィキペディアではエジソンが完成させた電球について、Incandescent light bulb（白熱電球）ではなく、the long-lasting, practical electric light bulb（長寿命で実用的な電球）という微妙な表現を使っている。

■電力システムこそがエジソン最大の「発明」

そのころのアメリカの特許制度では、白熱電球の発明者として認められたエジソンに、1893年11月まで電球の製造を独占する権利が与えられた。実質的には13年ほどしかないわけで、その間に発電所や送配電施設による「電力システム」を完成させ、後続者を排除できるようにしておかなければ大きな利益にはつながらない。つまり、ここからが実業家としての腕の見せどころとなる。

最初に手掛けたのは船の照明設備で、1879年12月の公開実験に訪れていた海運会社の社長から依頼を受け、翌年4月には発電機4基と150個の電球によるシステムを完成させた。最初に考えていた「町中を照らす」という目標よりは小さくなってしまったが、この船がアメリカ国内だけでなく南米の港まで回ったことで電球への評価は国際的にも高まり、いい宣伝になったという。また、船上という厳しい環境でも安定して稼働するシステムをつくり上げたことはエジソンの自信につながった。

その後の活躍は、エジソンが非凡な実業家であることを裏づけている。まず電球を大量生産できる工場をつくった。ポイントは真空ポンプの電動化で、モーターで駆動できるようにしたことにより作業効率と品質は一気に向上する。

さらに、今日では当たり前になっているねじ式のソケットを考え出したのもエジソンだ。それにより電球の交換がしやすくなっただけでなく、天井からぶら下げることが可能になる。それまでエジソンのライバルとして電球の開発に挑戦していた発明家たちは、机上のスタンドに電球を直立させて実験していたので、こんなところまで思いつかない。しかし、照明として利用するには下向けにできなければダメなわけで、こういった実用面の工夫こそがエジソンが得意とするところだった。

発電機も自社で製造を始めた。当初のダイナモは1基で30個程度の電球しか点灯できなかったが、陸上の電力システムを構築するには１０００個クラスの能力が必要だとわかり完成させる。さらに、まだ貧弱だった送電線を風雨から守るには地下に埋設するしかなく、工事の許可を得ようと**議員や役人を研究所に招き**[*]、電力システムの有用性を訴えた。それが功を奏し、１９８２年にはニューヨークで世界初の大型発電所が稼働を始めるのである。

エジソンが開発した「大型発電機＋数千個の電球」による電力システムのパッケージは、巨大ではあるものの船による輸送が可能だったため、パリやロンドンにも運ばれてデモンストレーションを行い、喝采を浴びる。そして、瞬く間に世界中に普及していった。併行して前述したようにジョゼフ・スワンの特許も買い取り、権利を一本化することで電気照明事業を独占していく。エジソンにとっては人生の絶頂期とも言える時期がやってきた。

日本ではエジソンの最大の発明は白熱電球だと考える人が多いが、アメリカでは電力システムの構築のほうがより偉大な功績だとする人が多い。エジソンと長く親交のあった自動車王ヘンリー・フォードもそのひとりだ。

それまでの工場では、蒸気機関などの動力源と生産用の機械をベルトやラインシャフトでつなぐしかなく、このため適正な配置ができなかった。しかし、機械ごとにモーターを取り付け、電線でつなぐことにより工程順に並べることができ、工場の効率は2倍になったという。そして成功のきっかけとなったT型フォードも、「製造に電気モーターの助けを借りなければ、高価格のぜいたく品になってしまっただろう」と述懐する。（『自動車王フォードが語るエジソン成功の法則』）つまり、エジソンこそが大量生産をベースにした近代産業の生みの親であると、高く評価しているのである。

Deep View

＊議員や役人を研究所に招き
電球や電力システムのプレゼンテーションをするだけでなく、シャンパンとディナーでもてなしてご機嫌をとった（今なら収賄罪だ）。こういう抜け目ないことを考え、実行してしまうのも発明王エジソンの知られざる一面である。

■ベル、クレイ、エジソン三つ巴の電話発明合戦

白熱電球の前に手掛けた電話についても触れておこう。

電話機の発明者は、１８７６年2月14日に特許を申請したアメリカ人のアレクサンダー・グラハム・ベルだとされている。実はそれより20年近く前に、アメリカ在住のイタリア人発明家のアントニオ・メウッチが似たような装置をつくり、１８７１年には特許保護願という仮特許のようなものを申請していた。最近になって、**米国議会はその功績を認める決議***をしたそうだ。つまり「公式」にはメウッチが発明者となったのだが、技術的にはまったく実用レベルに達していなかったうえ、資金不足で権利も途中で失効していたのだから、この勝負、やはりベルに軍配を上げていいだろう。問題なのは、同じ時期に電話の発明を競っていたアメリカ人発明家イライシャ・グレイとの関係だ。

ベルとグレイの争いについては、「同じ日に電話の特許を申請したが、ベルのほうが時間が早かったので勝者となった」というエピソードがまことしやかに紹介されている。ただし、これは誤解である。当時の特許制度では申請した時間までは記載されず、同じ日であれば優劣はつけられないし、そもそもアメリカは申請した時期に関係なく**最初に発明した人***に特許権を与える先発明主義なので、グレイのほうが先に電話を完成させていれば彼が優先される。

ここからは少しミステリーじみた話になってくる。技術的な評価でいえば、グレイの研究のほうがベルより先を行っていたと考えている人は多い。それなのにベルが発明者として認められたのは、途中でグレイの技術を盗用した疑いがあるというのだ。

確かに、特許を申請した段階でベルが発明したと主張する電話は、まったく使いものにならなかった。というか、申請内容は電信の改良（Improvement in Telegraphy）についてだったため、本人も電話をつくったとは言っていない。

そのころ、エジソンを含む多くの発明家が電信の多重化技術の開発を進めていた。一組の回線で複数の通信を同時に行うには、電圧の違う電気信号を流して区別するとか、回線を時間ごとに切り替えるとかいくつか方法があるのだが、ベルは音響研究の専門家だったので、高さの異なる音を電気信号に換えれば周波数で区別できると思いつく。たとえば、ドの音に対応した電気信号とソの音に対応した電気信号を同時に流し、聞き分けるような方法だ。

彼なりに実験も行い、技術的に開発の目処が立ったので特許を申請したのだが、そのとき、書類の最後に「この技術を発展させれば音声通信もできる」と書き加えたことが、後に電話の発明だと認められることになる。

もちろん、先発明主義のアメリカでは書類だけでは発明者と認められないので、ベルが電話事業の独占権を得るには何らかの方法で「会話できる機械」を完成させなければならない。

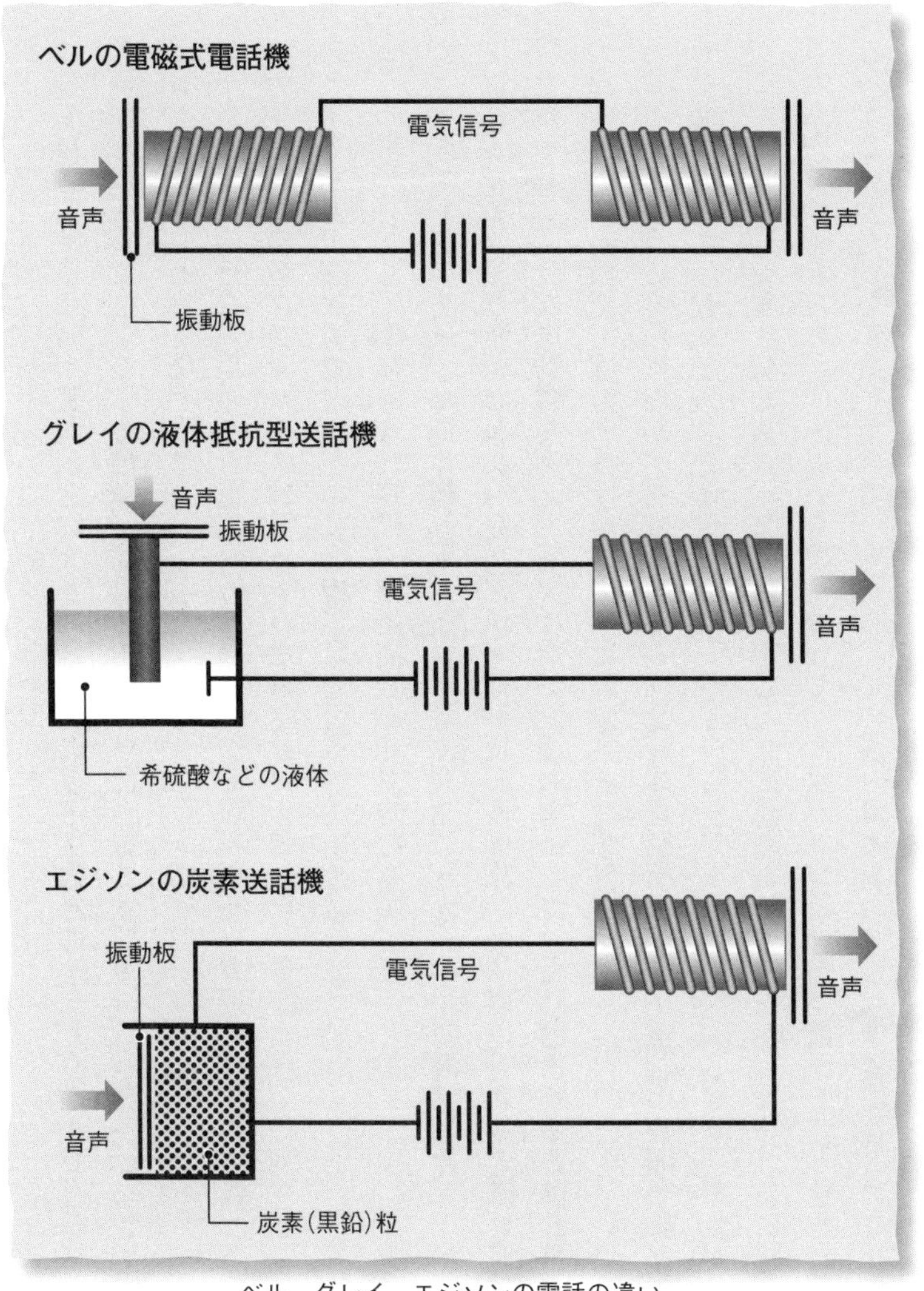

ベル、グレイ、エジソンの電話の違い

ところが、その目処はなかった。

改めて電話とはどういう装置かというと、音声信号を電気信号に換えて遠くまで運び、再び音声信号に戻して会話をする機械だ。具体的には、送話機と受話機の組み合わせによって一方向の音声通信が行える。

ベルが考えたのは音声信号から電気信号への変換に電磁石を使う方法だ。この方式は今のダイナミックマイクロフォンやスピーカーの仕組みと同じであり、発想は悪くなかった。マイクとスピーカーを兼用できるため、**送話機と受話機***に分ける必要がないという長所もある。ところが真空管も半導体もない時代、電気信号を効率的に増幅する（大きくする）方法がなかったので、この方式では遠く離れた人とまともに会話できず、ベルの電話開発プロジェクトは暗礁に乗り上げる。これに対してグレイは、反応性の高い液体媒体を用いて強い電気信号を得られるような送話機を考え、着実に実績を重ねていった。受話器はベルと同じ方式だったので、この段階では彼のほうがゴールに近かったはずだ。

ところが、どういうわけだかベルはグレイと同じ液体送話機を使い、電話の公開実験をいち早く成功させてしまう（助手に呼びかけた「ワトソン君」という台詞で有名）。それが功を奏して後の特許紛争を勝ち抜き、電話の発明者として認められるのだが、なぜ、急に同じようなものをつくれたのか……という謎に関して、ベルがグレイの申請書類を盗み見たのではないかといった疑いが生じている。ただし、ここからは本書のテーマと異なるのでこれ以上は論評しない。詳しくは、この問題を鋭く追求した名著『グラハム・ベル空白の12日間の謎』（セス・シュルマン著、吉田三知世訳、日経ＢＰ社）を読んでほしい。

それではエジソンはこの間、何をしていたのか？ ここでもう一度、ベルとグレイ、そしてエジソンの開発した電話の違いを見ていこう。

ベルの電磁式電話機はシンプルでわかりやすいものの、当時の技術では実用化には至らない。グレイの液体抵抗型送話機は有効ではあるものの、液体を蓄える必要から下向きにしか話せないという問題があった（希硫酸などを使うので扱いも少し面倒）。

これらに対して、エジソンは炭素（黒鉛）を使った送話機を考える。炭素は導電体ではあるものの、状態や構造によって抵抗値が変化するので、粒にした状態で容器に入れて音声の空気圧をかければマイクロフォンのような装置ができる。このあたりはエジソン本人の発想だと思うのだが、ベルとグレイが電話発明競争をしていた１８７５〜７６年は研究所の設立やそれまでに受けていた電信関連の大量の開発プロジェクトで多忙だったのか、この分野の研究は部下に任せていた。そして１８７７年４月、研究所スタッフが完成させた***炭素式マイクロフォン**の特許を申請し、これが後にエジソン式電話機（送話機）の発明となる。

一連の流れを見ると、エジソンはどうも、電話の発明にはあまり積極的ではなかったように感じる。あるいはベルやグレイのことを見くびっており、「私が出て行けばすぐに勝てる」と、のんびり構えていたのかもしれない。

当時の状況を考えたとき、電話の開発に研究所のリソースを集中できなかった理由はよくわかる。電信はすでに巨大産業になっており、そこから生み出される富は膨大だった。鉄道だって新聞だって株式取引だって電信がなければ成り立たなかったのだから、今日で言うインターネットのようなものである。それに比べれば、まだ海のものとも山のものともつかない電話は先行投資の対象ではあるかもしれないが、会社組織になっていたメンロパーク研究所が社運をかけるほどのテーマではない。

それにエジソン自身、音声通話にあまり期待していなかったようなふしがある。難聴気味であったことと関係するのかどうかはよくわからないが、彼は「声で情報を伝えても聞き間違いなどが生じれば*****ビジネスには使えない**」と考えており、だからこそ音声を記録して確認できる装置として蓄音機を発明したのである。

一方、ベルは電話の事業化に命運をかけていた。電話の発明につながる研究も資金不足に悩み、ようやく出資者を見つけてなんとか続けられたぐらいだから、ここで成功しないと後がない。電信関係の技術開発で大儲けしていたエジソンとは立場が違った。

電磁式送話機では実用化が難しいと考えたベルは、液体抵抗型に続きエジソンと同じ炭素式マイクロフォンの採用を考える。しかし、堂々とパクることはできないため、似たような特許を取っていた技術者に社員になってもらい、送話機を完成させて電話事業をスタートさせた。ここまで来てエジソンもようやく本気になったのか、以降、アメリカではエジソン式の電話を採用した電信会社大手のウェスタンユニオンとベル電話会社（後のＡＴ＆Ｔ）との間で激しい競争が続いていく。事業を拡張するのと同時に特許紛争も激しく行われたので、かなりの消耗戦になったのは言うまでもない。

　そのころの世間の評価は「確かにベルは電話の発明者かもしれないけれど、音はエジソン式のほうがいいよね」といった感じだったらしい。実際、音声から電気信号に変換する性能はベルのものより高く、遠距離になればなるほど[*]**エジソン式電話の優位性**が光っていた。

　天下のエジソンが後から加わったことから、先が見えないと思われた両陣営による戦い

だったが、1879年にはあっさり決着がついてしまう。ウェスタンユニオン社は電話事業に加えて、所有していたエジソンの炭素式送話機とグレイの液体抵抗型送話機（こっちも買い取っていた）の権利をベル電話会社に譲渡し、手を引いてしまったからだ。その結果、ベルはアメリカ国内の電話事業を独占することができ、完全勝利となるのだが、実態は少し違う。電信でのし上がってきたウェスタンユニオンはさすがに老獪で、ベルの電話事業による利益の20パーセントを17年間にわたって受け取ることで話をつけた。つまり、それ以降はまったく投資をせずに上前をはねられるわけで、もちろん、その金の一部はエジソンのところにも行ったはずだから、名を捨てて実を取った格好だ。やるなあ。

白熱電球と電話というエジソンの代表的な発明にまつわるストーリーを見ると、彼の新たな一面がわかってくる。エジソンは確かに優秀な発明家だが、同時に実業家としての強い意欲をもち、ビジネスを求める嗅覚にも長けていた。この点が凡庸な発明家たちとの大きな差である。そんなことを考えていたら、イギリスの科学ジャーナリストが記した本の中にこんな文章を見つけた。

意外かもしれないが、エジソンは、ただ新しいことに取り組むだけでなく、商売を考える人だった。人の役に立たない、意味のない道具をつくろうとしたことはない。一から新しいものをつくるというよりは、すでにあるものを改良する発明家だった。

『エジソンと電灯』キース・エリス著、児玉敦子訳（玉川大学出版部）

もしかすると、この3行がエジソンという人物をもっとも端的に、そして正確に表した文章かもしれない。

Deep View

＊米国議会はその功績を認める決議

2002年6月11日アメリカ合衆国議会の決議案269。

＊最初に発明した人

この定義も案外難しいのだが（時代や条件によってブレる）、原則としては「実用性のある装置を最初に試作し、その性能を証明できた人」と考えていい。したがって、書類だけでなく、「実用化できそうだ」を思われるレベルの試作品が欠かせない。当然、この「できそうだ」の解釈をどうするかで評価が揺れ、特許紛争の原因になる。

＊送話機と受話機

一般的には送話器、受話器と書くことが多いのだが、ここでは電話機という言葉との対比上（こっちは電話器とはあまり書かない）、送話機と受話機に統一した。

＊炭素式マイクロフォン

直後にエジソンは炭素フィラメントによって実用的な白熱電球を発明するわけだが、どちらも鍵となる材料が炭素で共通していることになんらかの関連があるのか、あるいはたまたまだったのか、資料からは読み取れない。

*ビジネスには使えない

今でも「仕事の連絡は電話ではなく、確実に記録の残るeメールにしてほしい」と考えている人は多いと思う。エジソンの時代は電話でどこまでクリアに話せるかもわからなかったのだから、電信を優先するのは当然だろう。

*エジソン式電話の優位性

エジソンの炭素式送話機は非常に性能が高く、貧弱な回線でも安定した通話ができたため、つい最近まで使われていた。昭和のレトロアイテムとして人気の高い黒電話がそれで、なかでも「アナログ電話機の完成形」と言われる600形はお薦め。回線の種類によっては今でも使用が可能だ。

第4章

正しく知ろう「エジソンは偉い人」

結局のところ、エジソンとはどういう人だったのだろうか。それを知るために、改めて彼の人生を俯瞰してみたい。

ここで紹介するのは、**エジソンの特許取得件数**[*]を年次ごとにまとめたグラフだ。こんな地味な作業をするのは筆者ぐらいだから、おそらく本邦初公開だと思う。なお、活躍した時期を正確に反映させるなら、特許の成立日ではなく申請日を基準にするべきだが（申請と成立との間には数カ月～数年のギャップがある）、古い特許では申請日が記載されておらず、ここでは公開日（権利の取得日）をもとに時系列で整理している。

グラフを眺めてすぐにわかるのは、1881～83年に大きなピークが来ている点だ。エジソンの代表作である電話、蓄音機、白熱電球が直前に発明されているので、これらに関連した特許が次々と認められたためである。特に電球の普及を支える電力システムは多くの機器や装置によって構成されていたので、それに伴う特許は膨大な数になった。

その後、一時的に件数が減少するのは、最初の妻メアリが亡くなったことが関係しているかもしれない。仕事に没頭していたときにはあまり家に帰りたがらなかったエジソンだが、妻を失ったときの落ち込みようは相当のものだったらしく、それを見兼ねた周囲の人々の勧めもあって2年後にはマイナと再婚している。すると再び事業欲が湧き、映画関連の発明と鉱山事業に熱中していくのだから、意外とわかりやすい人物だ。そしてこの件を見ても、エ

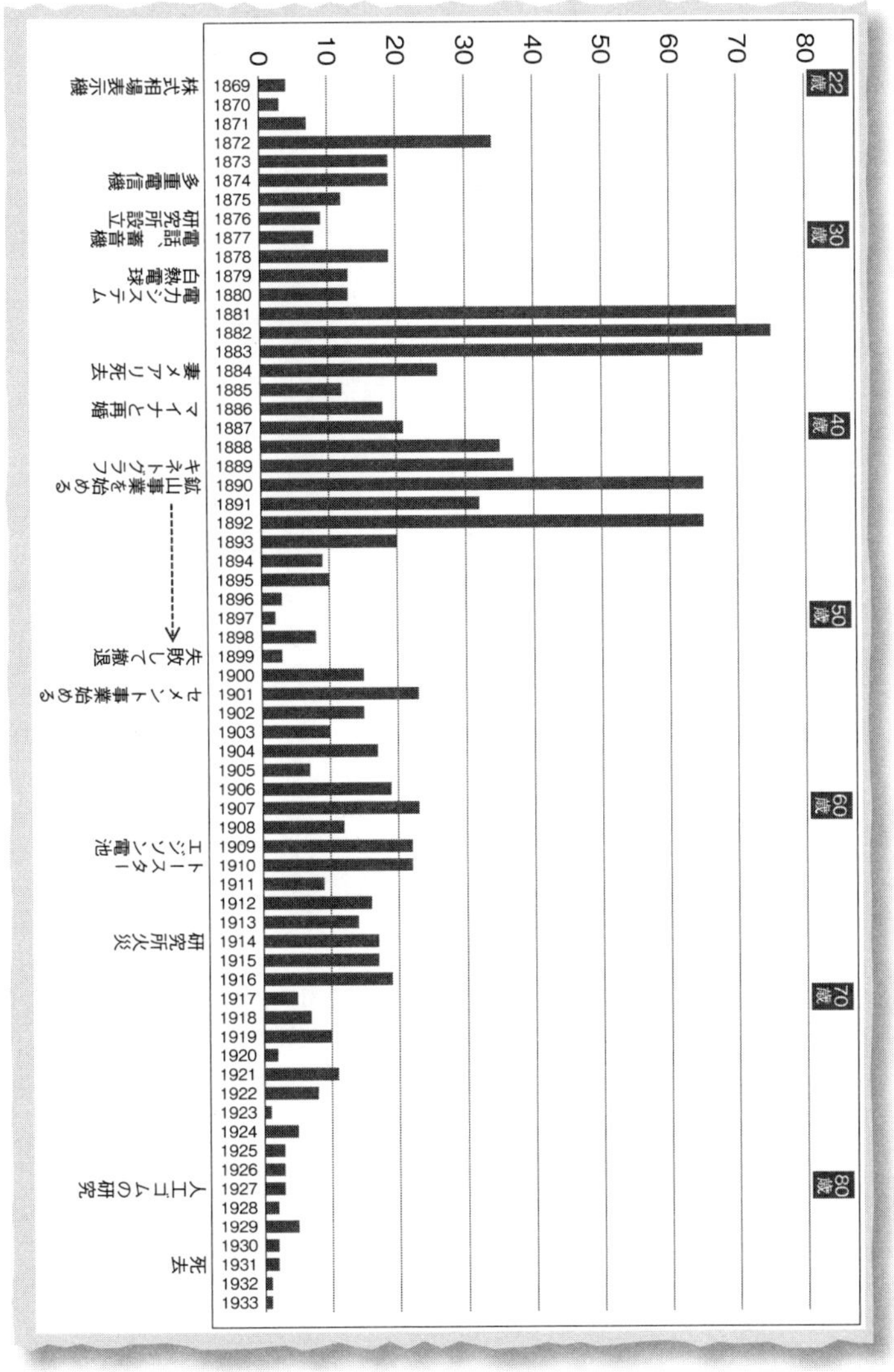

エジソンの年代別特許件数　（公開日ベース）

ジソンがまったく家庭を顧みない人物ではなかったことがわかる。

ところが、若い奥さん（18歳下！）をもらって浮かれすぎたのか、張り切って始めた鉱山事業はエジソンの生涯において最大の失敗に終わる。そのころのアメリカでは急速に進む工業化によって鉄が不足し、鉄鉱石の価格が高騰していた。そこでエジソンは近隣で採れる粗鉱から鉄を精製できないかと考え、新たな事業を計画する。

粗鉱とは選鉱していない鉱石のことで、要するに良質の鉄鉱石と粗悪な鉄鉱石がごちゃ混ぜになっている状態だ。価格は二束三文なので、そこから鉄の含有率の高い鉱石だけを取り出すことができれば大儲けできる。

そこでエジソンが考えたのは、鉱石を細かく粉砕し、強力な電磁石を使って鉄分の多い石だけを集めるやり方だ。発明王の発想としてはあまり工夫が感じられないが、他に方法はなく、ここは陳腐化した技術に頼るしかない。その場合、勝負を決めるのは事業の規模になる。誰でも思いつきそうなビジネスでは大きい会社しか生き残れないのが経営学の常識であり、実業家エジソンもそれはわかっていた。

幸い、電球関連事業の成功で資金は潤沢にあるし、自前の電力システムをもっているのでエネルギー供給に不安はない。エジソン史上最大の物量作戦が始まった。

その結果だが、4年近くの期間をかけて巨大な工場を完成させ、1894年に操業を始めたエジソン選鉱会社は、わずか3年後には大赤字を出してあっさり倒産してしまう。原因は、アメリカ北西部の工業地域から近いミネソタ州のメサビ鉱山で良質な鉱石が発見されたからだ。エジソンの試算では鉄鉱石の市場価格がトン当たり6・5ドル以上なら事業は成功するはずだったのだが、2ドル台まで下がってしまっては勝ち目はない。その後も奔走するものの、1899年には鉱山事業からは完全に撤退する。残った工場設備を利用して始めた**セメント事業***も大成功とはいかず、以降、大規模な投資をして挑戦することはなかった。

エジソン選鉱会社は、当たれば巨額な富を生み出すはずだった。そのころの製鉄産業の規模は、電信や電力といった新興ビジネスとは比べものにならないほど大きかったからだ。それだけに40代のエジソンにとっては人生を賭けた大勝負だったのだが、そこで大敗を喫したことにより、その後の人生は早くも「晩年」といったムードに包まれてしまう。

もちろん、この間も意欲的に仕事を続けている。トーキーへの挑戦となる蓄音機と映画の改良や、家電品の走りとなるトースターの発明といった功績はあるものの、特許件数の推移を見ればわかるようにピーク時の勢いにはとても及ばない。

他に目立った動きとしては、高性能の蓄電池を開発して電気自動車を普及させようとしたが、10年近く苦戦したうえ、大きな成果は得られなかった。レガシーな鉛蓄電池に代わる高性能電池の登場は、1990年代に相次いで実用化されたニッケル・水素電池とリチウムイオン2次電池まで待たなければならなかったのだから、材料や構造などの技術が不十分だったこの時代に完成させられるわけもなく、エジソンは完全に潮流を読み間違えていた。
1914年(67歳)のときに研究所が火事で全焼し、いよいよエジソンもこれで終わりかと思われた。このときはヘンリー・フォードなどによる支援もあってすぐに事業を再開したが、以降に目立った発明はもうない。80代になってから始めた**人工ゴムの研究***も、意欲だけが先行し、技術的には実態の伴わないものだった。

Deep View

＊エジソンの特許取得件数
エジソンの全特許はここで調べられる。
List of Edison patents/http://en.wikipedia.org/wiki/List_of_Edison_patents#First_hundred_patents

＊セメント事業
鉄と並んで需要が伸びていたセメントの製造を始めたのだが、思っていたほど成長できなかったので、コンクリート製の住宅やコンクリート製の蓄音機(!)などを開発し、自ら市場を拡大しようとした。

＊人工ゴムの研究
輸入に頼るしかなかったゴム(主にタイヤ用)を、国内で入手できる材料でつくろうという意欲は評価していいと思うが、なぜこの時期にいきなり畑違いの有機化学工業に挑戦しようとしたのか?

■エジソンの得意分野は、重厚長大ではなく軽薄短小

数学者や理論物理学者など、自らの頭脳だけで新しい発想をしなければならない職業の場合、能力的なピークを迎えるのは20代後半との説がある。もちろん、その後も仕事は続けられるが、優れたアイデアが矢継ぎ早に出る時期は集中していることが多いというのだ。

この説をエジソンの人生に当てはめると、なんとなく納得してしまう。電信、電話、蓄音機、電球、電力などの分野で画期的な成果を上げていたのは、まさに20代後半から30代前半にかけて、天才発明家の名をほしいままにしていた時期だった。

ただ、そうだからといって40代以降の低迷ぶりがすべて年齢のせいだとも思えない。この年代になれば、発想力の衰えを補えるだけの知識や経験が身についているのだから、発明家としてのパワーが落ちても実業家としてはむしろ能力を発揮しやすい時期だ。それなのに、働き盛りになってからのエジソンは、なぜか大きな成功から遠ざかってしまう。実はそこに、エジソン自身も気づかなかった成功と失敗の方程式があったように思える。

方程式を解くキーワードは「弱電」と「強電」だ。

電気における弱いと強いは、もともとは感電の危険性を示す概念だった。このため、電気

設備用語では48〜50ボルトを境に下を弱電、上を強電と区別している。要するに弱電なら人間の身体に流れてもなんとかなるが、強電だと**死に至る可能性***があるという意味だ。

ところが電気がさまざまな分野で利用をされるようになってくると、この言葉の意味も少しずつ変わってくる。そして現在では、主に次のように分類されている。

◇弱電：電気を主に信号として利用する（情報処理および通信分野）
◇強電：電気を主にエネルギーとして利用する（電力分野）

同じ電気でも、利用する目的によって必要な技術はまったく異なり、弱電分野を電子技術、強電分野を電気技術と呼んで分けているほどだ。似たように見えて実態は別物である。

ところが、技術に詳しくない人はこの違いがわからず、「コンピュータは短期間に性能が何十倍、何百倍になったのだから電気自動車も同じはず」といった誤った考え方をしがちだ。コンピュータの性能を左右するのは電子技術、電気自動車に搭載される電池の性能を左右するのは電気技術でまったく畑違いであり、同列には語れない。そして、弱電は進歩のスピードが指数関数的に速いが、強電の進歩はせいぜい年率数パーセントである（そんなにいかないことのほうが多い）。

	弱電	強電
電気を使う目的	信号	エネルギー
主な用途	通信、情報処理	電力
技術分野	電子技術	電気技術
英語だと	Electronics	Electricity
主な製品	ICT 機器、制御システム、音響・ビジュアル、半導体など	電源（発電機、電池）、給電システム、モーターなど
産業キーワード	軽薄短小	重厚長大
関連する産業分野	コンピュータ、通信、電子機器、ソフトウェア、サービスなど	エネルギー、機械、鉄鋼・金属、化学・プラント、資源・鉱業、土木・建設など

弱電と強電

弱電と強電のような分類は、産業界全般でもできる。この場合のキーワードは軽薄短小と重厚長大だ。その方法でグループ分けしたのが上の一覧表である。この分類に基づきエジソンの業績を整理していくと、おもしろいことがわかる。

エジソンの初期の発明、電信関連と電話は電気を信号として扱う通信機器であり、弱電分野だ。当時は技術的に弱電と強電は明確に分けられなかったが、エジソンは電気をエネルギーとしてだけでなく信号としても見ていたので弱電傾向が強い発明家だった。

蓄音機は電気を使わない機械式装置として発明されたが、これも音声信号を直接、レコード上の凹凸として記録する点では弱電的であり、同じ系列の装置と言える。ところが、次の白熱電球と電力システムからエジソンの方向性が変わってきた。これらはエネルギー機器のため強電分野に属し、しかも彼はこの事業で生涯最高の成功を果たすものだから、その後はさらに「重厚長大」傾向を強めていく。鉱山・セメント事業への進出はその典型例だろう。

しかし、その結果がどうなったのかといえば、それまでの栄光が信じられないほどの大失敗を喰らう。いくらなんでも、同じような仕事を続けていればこのような急な転落はしないだろうから、やはりエジソンは路線を間違えたのである。この説を証明するため、エジソンが手掛けてきた発明と事業に対する評価を通信簿風にまとめてみた。あくまで筆者個人の独断によるもので、参考程度に考えておいてほしいのだが、それでも全体的な傾向は感じられるだろう。

これを見て思うのは、エジソンは基本的に電気を得意とする発明家であり、特に今でいう弱電分野と相性が良かった。このため白熱電球以降、徐々に弱電から離れていくにつれて成功からも遠ざかっていく。要するに彼は強電には向いていないのだ。

そのことは、有名な直流・交流論争を見てもわかる。エジソンが最初に構築した電力システムは直流で送電していたが、彼の会社にいたセルビア人の電気技術者ニコラ・テスラは交

製品	評価		備考
	発明	事業	
電信関連技術	○	○	電信会社に権利を売却して初期の収入源に
電話（送話器）	○	○	技術面は優位だったが最終的に事業は売却
蓄音機	◎	△	エジソンの名を広めたが円盤形レコードに負ける
白熱電球	◎	◎	歴史的には最高の発明
電力システム	○	○	直流にこだわったのは失敗だが事業は成功
映画関連技術	○	○	マルチメディアの幕開けへ
鉱山関連技術	△	×	事業家として最大の失敗に
蓄電池	△	×	電気自動車にはつながらず
セメント	×	×	着眼点はおもしろいが専門外か？
人工ゴム	×	×	着眼点はおもしろいが専門外か？

エジソンの発明と事業に関する通信簿

流にすべきだと提案し、方針の違う2人は激しく対立する。その結果、職場を追い出されたテスラはジョージ・ウェスティングハウスと組んで交流による電力事業を始め、その後、直流にこだわり続けたエジソンとの間で電流戦争と呼ばれる戦いが長く繰り広げられた。

　直流送電と交流送電を比べた場合、容易に電圧を変えられる交流のほうがシステム全体をシンプルに構成できる（直流だと必要な電圧ごとに複数の送電線が必要）。また電圧を高くして電流を低くすることにより、送電中の損失を少なくすることも可能だ。これらの長所により、現在では鉄道用など用途が限られるものを除いて、大規模電力システムでは交流を採用している。つまり電流戦争はテスラの勝利に終わり、自ら始めた電力事業においてもエジソンは敗北を味わうのである。

エジソンが電力システムの構築を始めた時代、まだ交流用の機器が少なかったので、電池の使用で慣れていた直流のほうが扱いやすかったという事情があったのは事実だ。しかし、テスラは電気工学の天才だったので、将来は交流送電が主流になることを見抜いていたのに対し、残念ながらエジソンは未来を見通せなかった。

もしこのとき、エジソンが自分の得手不得手をわかっていて、「電力事業の旗振りはこの分野に強いヤツに任せよう」と判断していれば、彼の将来は少し違ったものになったかもしれないが、たぶんそんな物わかりのいい人物だったら発明家として成功しなかった可能性もあり、このあたりは難しい。

実はもう1回、エジソンが弱電分野で大成功を収められるチャンスがあった。

１８８３年、彼は白熱電球のさらなる長寿命化のための研究を続けていた。そこで彼はある発見をする。たまたまフィラメントを金属箔で覆って実験をしたところ、その間で放電が起き、電流が流れることに気づいたのだ。白熱したフィラメントから飛び出した電子による作用で、後にエジソン効果と呼ばれるこの現象の発見は、発明王にとって唯一、科学史に残る偉業となった。

ところがエジソンはこの現象をそれ以上、追求しようとはしなかった。電力事業が忙しかったのに加え、直後に最初の妻メアリが亡くなったことも関係していたような気がする。いずれにしろ、発見だけで発明に結びつけなかったのは失策だった。

エジソン効果は真空管の基本原理であり、その発見を受けて1904年に二極管、1906年に三極管が別の人により発明される。それによって初めて電気信号を効率的に制御できるようになり、その進歩がトランジスタ、集積回路（IC）へとつながっていくのである。したがって、エジソンが自分の手で真空管を完成させていたら、50代以降も世界をリードし続ける偉大な発明家でいられたかもしれない。

歴史に「もし」は禁物なので、これ以上は考えないことにする。ただエジソンが人生の後半にあまり得意ではない分野に進出し、そのせいで発明家としての活躍が十分にできなかったのは確かであり、才能豊かな人だっただけになんとも悔やまれるところだ。

Deep View

＊死に至る可能性

ただし、感電の危険性は電圧だけでなく電流にもよるし、状況によっても変わるため（身体が濡れていたとか）、この数字はあくまで目安に過ぎない。

■蓄音機こそがエジソンの理想の発明品

そんなエジソンへ、最後に花束を贈りたい。

数多くの発明をしたエジソンだが、晩年になって「あなたの生涯でもっとも重要だと思う発明は?」と聞かれたとき、挙げたのは蓄音機だった。事業としては白熱電球のほうが大きな成功につながったものの、愛していたのは蓄音機。その理由はなんとなくわかる。

数あるエジソンの発明の中でも、蓄音機は特別だ。彼の発明の多くが既存の技術の改良であることは何度か説明したが、蓄音機だけは参考にできるような前例がなく、完全に個人の発想によると考えられるからである。

その証拠に、エジソンから試作機の製作を頼まれた研究所のスタッフは、いきなり渡された設計図らしきスケッチを見ても、それがどんな装置かまったくわからなかったという。つまり、それまで何度も発明の現場にいた技術者であっても、想像できないほど飛び抜けた作品であり、しかもこのエピソードから周囲には一切相談せず、エジソンひとりでアイデアを練っていたことが証明される。

実は、電話の発明でライバルとなったグラハム・ベルも似たような発想をしていたらしい。

音響研究の専門家だった彼は、電磁石のそばに揺れる鉄片を置き、その先にペンを付ければ電気信号に変換した音声信号を記録できるのではないかと考えた。しかし、そのころの電気技術ではそんなセンシティブな制御ができるわけもなく、構想だけに終わっている。

エジソンも最初は電気式の蓄音機を考えたと思う。それまで電信の自動受信機などをさんざん発明していたので、流れからそちらの発想に行き着くはずだからだ。ところが、途中で無理だと気づくと、「電気でダメなら直接信号を刻めばいい」と発想を転換させて機械式の蓄音機を完成させた。この思い切りの良さこそが天才としての面目躍如である。

蓄音機はいろいろな意味で画期的な発明だ。それまでにも絵や文字で情報を記録する方法はあったが、どれも観察者の記憶や感覚を通して伝えられ、正確なデータにはならない。ところが、音声をそのまま記録・再生できる蓄音機は人類史上、初めて実現したリアル記憶装置である。さらに、レコードというメディアによってデータを保管したり、運ぶことができる。この発想がコンピュータなどで使う記録メディアにつながっているのは言うまでもない。

このような機能を思いつくだけなら簡単だが、エジソンがすごいのは、真空管も半導体もない時代にそれを実現したところだ。しかも、研究所のスタッフの証言によると、エジソンは部屋に籠もるとあっという間に設計図を描き上げたらしい。それでも完成度は高く、製作された蓄音機は誰もが「機械が喋っている」と腰を抜かすほどリアルに音声を再現した。

あれほどの発明を短期間に、たったひとりで完成させてしまったのだから、蓄音機の発明に関してはライバルはいなかった。完全にエジソンの独壇場である。そして、そんな蓄音機を生涯最高の作品と主張するところに、エジソンの考える「理想のエジソン」を見たような気がするのは筆者だけだろうか。

エピローグ
天才は、ひらめきと努力でできている

子供向けの伝記物語に登場するエジソンは、それこそ「神か、超人か?」といったすさまじい活躍ぶりを見せるので、正直言ってあまり親近感をもてなかった。ところが、こうやって、できるだけ真実に近いエピソードを並べていくと、天才エジソンも私たちの延長線上にいる人物だとわかり、安心する。

本来、天才とはこういうものなのだろう。

「天才ピアニスト出現!」といったニュースがあったとき、その人物が、つい最近、ピアノに触ったばかりだとは思わないはずだ。幼児のころからピアノを習わされ、その後、毎日数時間の練習を絶対に欠かさない。この間、多くの先生の指導を受けて腕を磨き、20年近い苦節を経て有名なコンテストで抜群の成績を残したとき、初めてこう呼ばれる。これは天才科学者でも天才アスリートでも似たようなものだ。

エジソンもたくさんの努力をしている。子供時代には連日、自然の観察を続け、10歳前後からは難しい本をひたすら読まされた。12歳で鉄道販売員としてビジネスを実地で学び、やがて電信技師となって最先端の技術に触れる。そんな豊富な経験を活かしてようやく発明家として独立するものの、その後も他の人の何倍も働き続け、成功したり失敗したりを繰り返しながら１０００件ほどの特許を取った。これが天才発明家の苦労多き人生の全貌である。

そのことに気づくと、エジソンの名言だとされる「天才とは1パーセントのひらめきと99パーセントの努力（汗）である（Genius is one percent inspiration, 99 percent perspiration.）」の意味を、より深く感じられるようになる。

この言葉はよく「努力が何よりも大切だ」といった教訓に用いられるが、後年になって本人は「私は『1パーセントのひらめきを感じとることができれば99パーセントの無駄な努力はしなくてもいい』という意味で言ったのだ」と否定している。するとと今度は「ほら、エジソンは無駄な努力なんかしないでいいと言っている」と浮き足立つ人がいるのだが、ちょっと待ってほしい。1パーセントとか99パーセントといったシンボリックな数字に踊らされ、極論に走ってはいけない。

筆者は長く製造業の取材を続けているのでわかるが、新製品を完成させるためには膨大な努力が必要だ。事業計画・商品企画・開発・設計・資材調達・製造といったあらゆるフェーズは地道な作業の連続であり、血の滲むような苦労を伴う。それでも無駄を承知でそれをしなければいけないのは、製品にとって性能だけでなく品質も重要だからだ。そして、品質の向上はゴールなき戦いである。

しかし、そうだからといって努力だけをしていればいいというものではない。最初に優れたひらめきがなければ、どんなに努力を重ねても結果は凡庸なものに終わる。発明につながる独創的な発想がないのにがんばっても、生産されるのは「出来のいい類似品」でしかないからだ。つまり、成功するにはひらめきと努力のどちらも大切なのである。

エジソンも長く製造業に携わってきた人だから、そんなことはよく知っている。ところがあまり常識的な話ではアピールできないと考えたのか、努力を馬鹿にする人にはその大切さを、ひらめきの重要性がわからない人にはその効果を、理解しやすいように極端な数字を使って説明しているだけなのだ。したがって、正確には「天才とはひらめきと努力でできていて、その比率は時と場合によって変わる」と言うべきだったのだが、こんな曖昧な表現では残念ながら名言にはならないだろうなあ。

資源をあまりもたない日本は、技術立国として発明による国づくりを続けてきた。これは明治以降に限っての話ではなく、江戸時代以前にも多くの分野で高い水準の科学技術が生まれている（芸術や工芸などの文化面でも同様）。そしてこの歴史は、日本人がひらめきと努力の両方を重視してきたからこそ続いているのだろう。

世界を見回してみると、こういう国は案外少ないことに気づく。「できるだけ努力せずに成功するほうが賢い」と考える人は大勢おり、そういう人はどんな優れたひらめきに出会っても、「今すぐ儲かるかどうか？」でしか判断できないから価値がわからない。その結果、一時的に成功したとしても長くは続かないのである。そうやって多くの国が没落、あるいは停滞といった道を歩んできたからこそ、日本の個性が際立つのだろう。

そう考えていくと、この国でエジソンが愛され、尊敬されている理由がよくわかる。努力を怠らず、ひらめきを新しい事業につなげていく真摯な生き方は、私たちにとっても理想の偉人なのである。

そう、日本人にとってエジソンはいつだって偉い人だ。そして、お茶の間にいる誰もがそれを信じている限り、この国は大丈夫なのだと思う。ポンポコリン！

参考図書

『エジソンの生涯』マシュウ・ジョセフソン（著）／矢野徹ほか（訳）／新潮社／1962.5

『エジソンの生涯』R．W．クラーク（著）／小林三二（訳）／東京図書／1980.06

『エジソン　20世紀を発明した男』ニール ボールドウィン（著）／椿正晴（訳）／三田出版会／1997.04

『図説 エジソン大百科』山川正光（著）／オーム社／1997.05

『エジソン発明会社の没落』アンドレ・ミラード（著）／1998.06

『起業家エジソン　知的財産・システム・市場開発』名和小太郎（著）／朝日新書（朝日新聞社）／2001.3

『エジソン　理系の想像力』名和小太郎（著）／みすず書房／2006.09

『エジソン　電気の時代の幕を開ける』ジーン アデア（著）／オーウェン ギンガリッチ（編集）／大月書店／2009.04

『エジソン　現代を発明した男』ルカ・ノヴェッリ（著）／関口英子（訳）／岩崎書店／2009.09

『グラハム・ベル空白の12日間の謎』セス・シュルマン（著）／吉田三知世（訳）／日経ＢＰ社／2010.09

『自動車王フォードが語るエジソン成功の法則』ヘンリー・フォード、サミュエル・クラウザー著／鈴木雄一（訳、監修）／2012.8

『発明家に学ぶ発想戦略 イノベーションを導くひらめきとブレークスルー』エヴァン・I・シュワルツ（著）／桃井緑美子（訳）／翔泳社／2013.07

『エジソンと電灯』キース・エリス（著）／児玉敦子（訳）／玉川大学出版部／2015.12.25

参考資料

アメリカ教育における歴史・伝統・理念の形成・発展／http://ins.jp.org/aer_files/aer_file2_nkato.pdf

電気の歴史イラスト館／http://www.geocities.jp/hiroyuki0620785/index.htm

偉大なる発明家トーマス・エジソン／http://www.edisonworl10.com/

The Thomas A. Edison Papers／http://edison.rutgers.edu/index.htm

電話発明に見る米国特許の裏側／深見特許事務所／http://www.fukamipat.gr.jp/discusses/discusses_110909.html

電話の歴史～電話の発明にまつわるお話～／http://asaseno.aki.gs/TelHistory/history.html

List of Edison patents（エジソンの特許一覧）／http://en.wikipedia.org/wiki/List_of_Edison_patents#First_hundred_patents

ＩＴ関連の歴史／http://www.kogures.com/hitoshi/history/index.html#tushin

エジソンの逃した発明／http://www.ksplz.info/+museum/matsumoto/inst10.pdf

〈著者紹介〉

石川 憲二（いしかわ けんじ）

ジャーナリスト、作家、編集者

1958年東京生まれ。東京理科大学理学部卒業。週刊誌記者を経てフリーランスのライター＆編集者に。書籍や雑誌記事の制作および小説の執筆を行っているほか、30年以上にわたって企業や研究機関を取材し、技術やビジネスに関する解説記事を書き続けている。扱ってきた領域は、電気·電子、機械、自動車、航空·宇宙、船舶、材料、化学、コンピュータ、通信、システム、ロボット、エネルギー、生産技術、知的財産、経営、人事、マネジメントなど。主な著書に『「未来マシン」はどこまで実現したか？』『宇宙エレベーター　宇宙旅行を可能にする新技術』（オーム社）『学習漫画 世界の伝記NEXT　エジソン』（集英社）がある。

大人が読みたいエジソンの話

発明王にはネタ本があった!?

NDC289

2017年3月25日　初版1刷発行

定価はカバーに表示されております。

©著　者　石　川　憲　二
発行者　井　水　治　博
発行所　日刊工業新聞社

〒103-8548　東京都中央区日本橋小網町14-1
電話　書籍編集部　03-5644-7490
　　　販売・管理部　03-5644-7410
　　　FAX　03-5644-7400
振替口座　00190-2-186076
URL　http://pub.nikkan.co.jp/
email　info@media.nikkan.co.jp

印刷・製本　新日本印刷

落丁・乱丁本はお取り替えいたします。　2017　Printed in Japan

ISBN 978-4-526-07698-5　C3034